"十四五"时期
国家重点出版物出版专项规划项目

良法善治

中国之治背后的法治思想

李 林 / 著

目 录

导论　习近平法治思想筑起法治中国建设新航标　　　　1

一、中国开启法治建设新时代　　　　11
　　（一）加强顶层设计，作出全面依法治国战略部署　　　　15
　　（二）全面贯彻落实，法治中国建设取得新成就　　　　22

二、中国法治建设的核心问题　　　　29
　　（一）中国共产党领导是社会主义法治最根本的保证　　　　31
　　（二）正确认识和深刻把握党法关系、党政关系　　　　32
　　（三）坚持"三者有机统一"最根本的是坚持党的领导　　　　35
　　（四）把党的领导贯彻到全面依法治国全过程各方面　　　　36

三、法治中国的根本立场　　　　39
　　（一）坚持人民至上的主体地位　　　　41
　　（二）人民幸福生活是最大的人权　　　　43
　　（三）维护和实现社会公平正义　　　　46

I

四、建设法治中国的正确道路　51
（一）全面依法治国必须走对路　53
（二）坚持依法治国与以德治国相结合　58
（三）借鉴人类法治文明有益成果　60

五、宪法是治国安邦的总章程、根本法　63
（一）宪法既是"总章程"又是"根本法"　65
（二）宪法的生命在于实施，宪法的权威也在于实施　69

六、良法是善治的前提　75
（一）更加重视构建良法体系　77
（二）修改完善立法法　80
（三）坚持人大主导立法　82
（四）坚持推进科学民主依法立法　85
（五）坚持改革决策与立法决策相衔接　88

七、法律的生命力在于实施　91
（一）依法全面履行政府职能　93
（二）健全依法决策机制　96
（三）深化行政执法体制改革　97

（四）坚持严格规范公正文明执法　　　　　　　　　　97
　　（五）全面推进政务公开　　　　　　　　　　　　　　100

八、公正司法是维护社会公平正义的最后一道防线　　103
　　（一）坚持司法改革的问题导向和目标导向　　　　　　106
　　（二）司法改革的主要内容　　　　　　　　　　　　　107

九、让法治精神渗透到社会生活的每一个角落　　　　115
　　（一）全民普法守法是传播法治精神的基础工程　　　　118
　　（二）实施五年法治宣传教育规划
　　　　　是传播法治精神的重要抓手　　　　　　　　　　120
　　（三）推进全民普法守法制度化建设
　　　　　是传播法治精神的重要保障　　　　　　　　　　124
　　（四）创新法治教育形式是传播法治精神的有效方法　　126

十、全面推进依法治国的关键问题　　　　　　　　　　127
　　（一）领导干部是全面依法治国的关键　　　　　　　　129
　　（二）全面依法治国要抓住"关键少数"　　　　　　　130
　　（三）"关键少数"要做尊法学法守法用法的模范　　　132

十一、以习近平法治思想引领法治中国建设新征程　135

　　（一）法治中国建设的总体目标　138

　　（二）全面贯彻实施宪法，坚定维护宪法
　　　　　尊严和权威　139

　　（三）建设完备的法律规范体系，以良法
　　　　　促进发展、保障善治　139

　　（四）建设高效的法治实施体系，深入推进
　　　　　严格执法、公正司法、全民守法　141

　　（五）建设严密的法治监督体系，切实加强
　　　　　对立法、执法、司法工作的监督　144

　　（六）建设有力的法治保障体系，筑牢
　　　　　法治中国建设的坚实后盾　145

　　（七）建设完善的党内法规体系，
　　　　　坚定不移推进依规治党　147

十二、运用法治思想为全球治理体系改革和建设
　　　贡献中国智慧和中国方案　149

导论　习近平法治思想筑起法治中国建设新航标

2020年11月16日至17日，中央全面依法治国工作会议在北京召开。这在中国共产党和中华人民共和国历史上是第一次。这次会议最重要的成果，是明确了习近平法治思想在法治中国建设中的指导地位。习近平法治思想内涵丰富、论述深刻、逻辑严密、系统完备，从历史和现实相贯通、国际和国内相关联、理论和实际相结合上深刻回答了新时代为什么实行全面依法治国、怎样实行全面依法治国等一系列重大问题。

（一）习近平法治思想的主要精神和基本要义

习近平法治思想从"十一个坚持"等方面，深刻阐明了新时代全面依法治国的政治方向、重要地位、战略布局、重点任务、重大关系、重要保障，是法治中国这

· 良法善治 ·

链接：

全面依法治国的"十一个坚持"：

- 坚持党对全面依法治国的领导
- 坚持以人民为中心
- 坚持中国特色社会主义法治道路
- 坚持依宪治国、依宪执政
- 坚持在法治轨道上推进国家治理体系和治理能力现代化
- 坚持建设中国特色社会主义法治体系
- 坚持依法治国、依法执政、依法行政共同推进，法治国家、法治政府、法治社会一体建设
- 坚持全面推进科学立法、严格执法、公正司法、全民守法
- 坚持统筹推进国内法治和涉外法治
- 坚持建设德才兼备的高素质法治工作队伍
- 坚持抓住领导干部这个"关键少数"

艘巨轮扬帆远行、驶向辉煌未来的新航标。

第一，全面依法治国的政治方向。习近平法治思想高度重视牢牢把握全面依法治国正确的发展道路和政治方向，围绕建设中国特色社会主义法治体系、建设社会主义法治国家的总目标，坚持党的领导、人民当家作主、依法治国有机统一，坚定不移走中国特色社会主义法治道路。

坚持中国共产党对全面依法治国的领导。党的领导是社会主义法治最根本的保证，是中国法治同西方资本主义国家法治最大的区别。全面依法治国不是要削弱党的领导，而是要加强和改善党的领导，不断提高党领导依法治国的能力和水平，巩固党的执政地位，确保全面依法治国正确方向。

坚持以人民为中心。这是全面依法治国的基本立场和力量源泉。全面依法治国最广泛、最深厚的基础是人民，必须坚持为了人民、依靠人民。"我国社会主义制度保证了人民当家作主的主体地位，也保证了人民在全面推进依法治国中的主体地位。这是我们的制度优势，也是中国特色社会主义法治区别于资本主义法治的根本所在。"[①] 公平正义是中国共产党追求的一个非常崇高的价值，全心全意为人民服务的宗旨，决定了全面依法治国必须紧紧围绕保障和促进社会公平正义来进行。要把体现人民利益、反映人民愿望、维护人民权益、增进人民福祉落实到全面依法治国各领域全过程，不断增强人民群众获得感、幸福感、安全感，用法治保障人民安居乐业。

坚持中国特色社会主义法治道路。全面推进依法治国，必须走对路。中国特色社会主义法治道路，是社会主义法治建设成就和经验的集中体现，是建设社会主义法治国家的唯一正确道路。坚持中国共产党的领导，坚持中国特色社会主义制度，贯彻中国特色社会主义法治理论，这三个方面规定和确保了中国特色社会主义法治

[①] 习近平：《加快建设社会主义法治国家》（2014年10月23日），《习近平谈治国理政》第二卷，外文出版社2017年版，第115页。

体系的制度属性和前进方向。

第二，全面依法治国的重要地位。习近平法治思想高度重视新时代中国特色社会主义法治建设，深刻阐述了全面依法治国的重大意义和重要地位。

全面推进依法治国是坚持和发展中国特色社会主义的本质要求，是国家治理的一场广泛而深刻的革命，事关中国共产党执政兴国、事关人民幸福安康、事关党和国家长治久安。

依法治国是党领导人民治理国家的基本方略。法治是治国理政的基本方式。面对百年未有之大变局，面对新时代新矛盾和人民群众对美好生活的新需求，依法治国在党和国家工作全局中的地位更加突出、作用更加重大。

中共十八大以来，党中央明确提出全面依法治国，并将其纳入"四个全面"战略布局予以有力推进，为全面建设社会主义现代化国家、全面深化改革、全面从严治党提供长期稳定的基础性法治保障。

全面依法治国是坚持和发展中国特色社会主义的重要保障。不仅如此，全面依法治国还是实现"十四五"规划、二〇三五年远景目标以及第二个百年奋斗目标的重要内容。在统筹推进伟大斗争、伟大工程、伟大事业、伟大梦想，全面建设社会主义现代化国家的新征程上，要更好发挥法治固根本、稳预期、利长远的保障作用，为实现中华民族伟大复兴的中国梦提供有力法治保障。

第三，全面依法治国的战略布局。习近平法治思想深刻回答了法治中国建设的战略布局问题，科学指明了新时代全面依法治国的总抓手、工作布局、基本格局。

全面依法治国是一个系统工程，"要加快形成完备的法律规范体系、高效的法治实施体系、严密的法治监督体系、有力的法治保障体系，形成完善的党内法规体系"[①]。必须要统筹兼顾、把握重点、整体谋划，必须坚持依法治国、依法执政、依法行政共同推进，坚持法治国家、法治政府、法治社会一体建设的工作布局。

坚持全面推进科学立法、严格执法、公正司法、全民守法的基本格局。其中，科学立法是前提条件，严格执法是关键环节，公正司法是重要任务，全民守法是基础工程。

第四，全面依法治国的重点任务。习近平法治思想明确提出现阶段全面推进依法治国的三项重点任务。

坚持依宪治国、依宪执政。宪法是国家根本法，是国家根本制度、基本制度、重要制度和法律法规的总依据。依法治国，首先是依宪治国；依法执政，关键是依宪执政。"坚持依宪治国、依宪执政，就包括坚持宪法确定的中国共产党领导地位不动摇，坚持宪法确定的人民民主专政的国体和人民代表大会制度的政体不动

[①] 习近平：《以科学理论为指导，为全面建设社会主义现代化国家提供有力法治保障》（2020年11月16日），《习近平谈治国理政》第四卷，外文出版社2022年版，第292页。

摇。"① 全面贯彻实施宪法，是建设社会主义法治国家的首要任务和基础性工作。党领导人民制定和实施宪法法律，党自身要在宪法法律范围内活动。要加强宪法实施和监督，推进合宪性审查工作，维护宪法权威。

坚持在法治轨道上推进国家治理体系和治理能力现代化。法治是国家治理体系和治理能力的重要依托，是"制度之治"的基石。只有全面依法治国才能有效保障国家治理体系的系统性、规范性、协调性，才能最大限度凝聚社会共识。把国家治理的各项活动纳入法治轨道，在宪法范围内和法治轨道上推进国家治理体系和治理能力现代化，充分实现国家和社会治理的有法可依、有法必依、执法必严、违法必究。

坚持统筹推进国内法治和涉外法治。习近平法治思想深刻回答了国内治理与国际治理、国内法治与涉外法治的关系问题，科学指明了新时代全面依法治国的国内国外两个领域。中国走向世界，必须善于运用法治，加强国际法治合作，为建设开放型经济、促进世界经济复苏提供法治支持，进而推动全球治理体系变革，构建人类命运共同体。

第五，全面依法治国的重大关系。习近平法治思想坚持辩证思维的科学方法，强调全面依法治国必须正确

---

① 习近平：《以科学理论为指导，为全面建设社会主义现代化国家提供有力法治保障》（2020年11月16日），《习近平谈治国理政》第四卷，外文出版社2022年版，第291页。

处理政治和法治、改革和法治、依法治国和以德治国、依法治国和依规治党的关系。此外，习近平法治思想还提出必须处理好民主和法治的关系，民主和专政的关系，自由和秩序的关系，法治和发展的关系，安全和发展的关系，政策和法律的关系，依法治国与坚持党的领导、人民当家作主的关系，依法治国与依法执政、依法行政的关系，全面依法治国与"四个全面"战略布局的关系，等等。

第六，全面依法治国的重要保障。习近平法治思想指出，法治工作队伍建设和领导干部以身作则，是全面依法治国顺利推进的关键性因素和重要人才保障。

坚持建设德才兼备的高素质法治工作队伍。法律法规创制出来以后，需要一整套行之有效的制度体系和程序机制加以实施，更需要一支高素质的法治专业队伍驾驭执行。全面推进依法治国，建设一支德才兼备的高素质法治队伍至关重要。推进法治专门队伍正规化、专业化、职业化，提高职业素养和专业水平，按照政治过硬、业务过硬、责任过硬、纪律过硬、作风过硬的要求，教育和引导立法、执法、司法工作者牢固树立社会主义法治理念，恪守职业道德，做到忠于党、忠于国家、忠于人民、忠于法律，教育引导法律服务工作者坚持正确政治方向，依法依规诚信执业，认真履行社会责任。

坚持抓住领导干部这个"关键少数"。要求各级领导干部对法律怀有敬畏之心，牢记法律红线不可逾越、法律底线不可触碰，带头尊崇法治、敬畏法律，了解法律、掌握法律，不断提高运用法治思维和法治方式深化改革、推动发展、化解矛盾、维护稳定、应对风险的能力，做尊法学法守法用法的模范。

（二）习近平法治思想的重大意义

习近平法治思想是顺应实现中华民族伟大复兴时代要求应运而生的重大理论创新成果，是马克思主义法治理论中国化时代化的最新成果，是当代中国马克思主义法治理论、21世纪马克思主义法治理论，是习近平新时代中国特色社会主义思想的重要组成部分，是全面依法治国的根本遵循和行动指南，具有十分重要的政治意义、理论意义、实践意义和世界意义。

对历史的确认。习近平法治思想的确立，是对中国共产党为人民民主法治奋斗百年历史的全面确认，是对中华人民共和国70多年革命、建设、改革和现代化建设成就及其法治化成果的最新确认，是对中共十八大以来路线方针政策、改革发展稳定、治党治国治军、内政外交国防等各项成果的法治化确认，是对新时代全面推进依法治国理论创新、制度创新、实践创新成果的理论化确认。

对未来的指引。习近平法治思想的确立，将引领中国沿着中国特色社会主义法治道路，开启全面建设社会主义现代化国家新征程，到 2035 年基本建成法治国家、法治政府、法治社会；到 21 世纪中叶把中国建设成为富强民主文明和谐美丽的社会主义现代化法治化强国。

  向世界的宣示。习近平法治思想的确立，标志着进入新时代、开启新征程的中国坚持和实行法治毫不动摇、不可逆转，意味着中国将坚定不移走中国特色社会主义法治道路，推进全面依法治国，坚定不移在法治轨道上全面推进国家治理现代化，坚定不移建设社会主义法治国家。

一、中国开启法治建设新时代

法律是什么？最形象的说法就是准绳。用法律的准绳去衡量、规范、引导社会生活，这就是法治。

——习近平2014年10月23日在中共十八届四中全会第二次全体会议上的讲话

中共十八大以来，中国特色社会主义进入新时代。在新征程上，中国共产党和政府更加重视加强法治建设，从坚持和发展中国特色社会主义的全局和战略高度定位法治、布局法治、厉行法治。全面推进依法治国，加快建设社会主义法治国家，坚定不移走中国特色社会主义法治道路，坚持依法治国、依法执政、依法行政共同推进，坚持法治国家、法治政府、法治社会一体建设，统筹推进科学立法、严格执法、公正司法、全民守法，加快推进中国特色社会主义法治体系建设，统筹推进国内法治和涉外法治，推动法治中国建设实现全方位发展、取得历史性成就，开创法治中国建设新局面。

• 良法善治 •

2018年1月 中共十九届二中全会
审议通过《中共中央关于修改宪法部分内容的建议》

2018年3月 十三届全国人大一次会议
表决通过新时代首次《宪法修正案》，"健全社会主义法制"改为"健全社会主义法治"

2017年10月 中共十九大
将"坚持全面依法治国"列入十四条新时代坚持和发展中国特色社会主义的基本方略之一

2018年8月 中央全面依法治国委员会正式成立并举行第一次会议

2019年10月 中共十九届四中全会
通过《中共中央关于坚持和完善中国特色社会主义制度、推进国家治理体系和治理能力现代化若干重大问题的决定》，指出建设中国特色社会主义法治体系、建设社会主义法治国家是坚持和发展中国特色社会主义的内在要求

2016年10月 中共十八届六中全会
通过完善"四个全面"战略布局进一步强化全面依法治国的战略地位和重要作用

2015年10月 中共十八届五中全会
明确到2020年全面建成小康社会时法治中国建设的阶段性目标

2020年5月 十三届全国人大三次会议
审议通过《中华人民共和国民法典》，是新中国成立以来第一部以"法典"命名的法律

2014年10月 中共十八届四中全会
通过《中共中央关于全面推进依法治国若干重大问题的决定》，首次以中央全会形式专门研究全面依法治国，部署180多项重大改革举措

2020年11月 中共历史上首次召开中央全面依法治国工作会议，明确了习近平法治思想在全面依法治国中的指导地位

2013年11月 中共十八届三中全会
通过《中共中央关于全面深化改革若干重大问题的决定》将"推进法治中国建设"作为全面依法治国和全面深化改革的重要任务

2022年10月 中共二十大
明确全面依法治国的重大意义，部署坚持全面依法治国，推进法治中国建设的战略任务。在党代表大会历史上第一次将法治建设单独作为一个部分进行专章论述

2012年11月 中共十八大
提出"全面推进依法治国，加快建设社会主义法治国家"战略目标

（一）加强顶层设计，作出全面依法治国战略部署

中共十八大以来，中国取得了改革开放和社会主义现代化建设的历史性成就，法治建设也迈出重大步伐。

2012年11月，中共十八大围绕"全面推进依法治国，加快建设社会主义法治国家"的战略目标，确认法治是治国理政的基本方式，强调要更加注重发挥法治在国家治理和社会管理中的重要作用；明确提出到2020年法治建设五大阶段性目标任务，即依法治国基本方略全面落实，法治政府基本建成，司法公信力不断提高，人权得到切实尊重和保障，国家各项工作法治化。

2013年11月，中共十八届三中全会作出《中共中央关于全面深化改革若干重大问题的决定》，提出要"紧紧围绕坚持党的领导、人民当家作主、依法治国有机统一深化政治体制改革，加快推进社会主义民主政治制度化、规范化、程序化，建设社会主义法治国家"，将"推进法治中国建设"作为全面依法治国和全面深化改革的重要任务，首次提出"建设法治中国，必须坚持依法治国、依法执政、依法行政共同推进，坚持法治国家、法治政府、法治社会一体建设"。

2014年10月，中共十八届四中全会作出《中共中央关于全面推进依法治国若干重大问题的决定》，提出了全面推进依法治国的指导思想、基本原则、总目标、总抓手和基本任务、法治工作的基本格局，阐释了中国

特色社会主义法治道路的核心要义，回答了党的领导与依法治国的关系等重大问题，制定了法治中国建设的路线图，按下了全面依法治国的"快进键"。中国共产党专门作出依法治国的政治决定，这在世界共运史上、在中国共产党党史上、在人民共和国国史上，都是史无前例、彪炳千秋的，在中国法治史上具有重大的里程碑意义。

2015年10月，中共十八届五中全会明确提出"创新、协调、绿色、开放、共享"的新发展理念，强调法治是发展的可靠保障，必须加快建设法治经济和法治社会，把经济社会发展纳入法治轨道，明确了到2020年全面建成小康社会时的法治中国建设的阶段性目标，为实现全面依法治国的总目标奠定了坚实基础。

2016年10月，中共十八届六中全会专题研究全面从严治党问题，凸显了思想建党和制度治党的主题，体现了依规治党与依法治国的结合，通过完善"四个全面"战略布局进一步强化了全面依法治国的战略地位和重要作用，进一步强化了全面从严治党对推进全面依法治国、建设法治中国的政治保障作用。

2017年10月，中共十九大作出中国特色社会主义进入新时代、中国社会主要矛盾已经转化等重大战略判断，确立了习近平新时代中国特色社会主义思想的历史地位。中国特色社会主义进入新时代的重大战略判断，不仅确立了中国社会主义现代化建设和改革发展新的历史

一、中国开启法治建设新时代

方位，而且进一步确立了推进全面依法治国、建设法治中国新的历史方位，不仅为法治中国建设提供了习近平新时代中国特色社会主义思想的理论指引，而且对深化全面依法治国实践提出了一系列新任务新要求，指明了到 2035 年基本建成法治国家、法治政府和法治社会的全面依法治国的战略发展方向，开启了新时代中国法治建设的新征程。

2018 年 1 月，中共十九届二中全会审议通过了《中共中央关于修改宪法部分内容的建议》，强调为更好发挥宪法在新时代坚持和发展中国特色社会主义中的重要作用，需要对宪法作出适当修改，把党和人民在实践中取得的重大理论创新、实践创新、制度创新成果上升为宪法规定。党中央决定用一次全会专门讨论宪法修改问题，充分表明党中央对新时代首次宪法修改的高度重视。

从左至右为 1931 年 11 月中华苏维埃第一次全国代表大会通过的《中华苏维埃共和国宪法大纲》、1949 年 9 月 29 日中国人民政治协商会议第一届全体会议通过的具有临时宪法性质的《中国人民政治协商会议共同纲领》、1954 年 9 月 20 日第一届全国人民代表大会第一次会议通过的《中华人民共和国宪法》、1982 年 12 月 4 日第五届全国人民代表大会第五次会议通过的《中华人民共和国宪法》。

2018年3月，十三届全国人大一次会议通过了新时代首部《宪法修正案》，实现了现行宪法的又一次与时俱进和完善发展。这次宪法修改确立了习近平新时代中国特色社会主义思想在国家政治和社会生活中的指导地位，调整充实了中国特色社会主义事业总体布局和第二个百年奋斗目标的内容，完善了依法治国和宪法实施举措，充实了坚持和加强中国共产党全面领导的内容，调整了国家主席任职方面的规定，增加了有关监察委员会的各项规定。这次宪法修改是中共中央从新时代坚持和发展中国特色社会主义全局和战略高度作出的重大决策，是推进全面依法治国、推进国家治理体系和治理能力现代化的重大举措，是党领导人民建设社会主义现代化强国的必然要求，具有十分重大的现实意义和深远的历史意义。

2018年8月，中央全面依法治国委员会正式成立。这是全面依法治国领导体制的重大创新，是推进新时代法治中国建设的战略举措，在社会主义法治建设史上具有里程碑意义。

2019年2月，中央全面依法治国委员会第二次会议强调，改革开放40年的经验告诉我们，做好改革发展稳定各项工作离不开法治，改革开放越深入越要强调法治。要完善法治建设规划，提高立法工作质量和效率，保障和服务改革发展，营造和谐稳定社会环境，加强涉外法治建设，为推进改革发展稳定工作营造良好法治环境。

2019年10月，中共十九届四中全会通过《中共中央关于坚持和完善中国特色社会主义制度、推进国家治理体系和治理能力现代化若干重大问题的决定》，对坚持和完善中国特色社会主义法治体系作出了新的部署，对提高党依法治国、依法执政能力提出了新的要求，充分体现了中国共产党对建设法治中国规律的深刻认识、对实现全面依法治国总目标的战略安排。决定特别指出，建设中国特色社会主义法治体系、建设社会主义法治国家是坚持和发展中国特色社会主义的内在要求。必须坚定不移走中国特色社会主义法治道路，加快形成完备的法律规范体系、高效的法治实施体系、严密的法治监督体系、有力的法治保障体系，加快形成完善的党内法规体系，全面推进科学立法、严格执法、公正司法、全民守法，推进法治中国建设。

2020年2月，在新冠疫情防控的关键时期，中央全面依法治国委员会第三次会议指出，依法科学有序防控至关重要。疫情防控越是到最吃劲的时候，越要坚持依法防控，在法治轨道上统筹推进各项防控工作，保障疫情防控工作顺利开展。要在党中央集中统一领导下，始终把人民群众生命安全和身体健康放在第一位，从立法、执法、司法、守法各环节发力，全面提高依法防控、依法治理能力，为疫情防控工作提供有力法治保障。

・良法善治・

【大·家·说】

"在法律体系中，如果说宪法是天空中高扬的旗帜，那么民法就是大地上坚实的脚步。每一步也许平淡无奇，但正是这些扎实的脚步，让整个国家的治理水平不断提升。"

——中国社会科学院学部委员孙宪忠

2020年5月，十三届全国人大三次会议表决通过了《中华人民共和国民法典》。这是新中国成立以来第一部以"法典"命名的法律，是新时代中国社会主义法治建设的重大成果。民法典系统整合了新中国70多年来长期实践形成的民事法律规范，汲取了中华民族5000多年优秀法律文化，借鉴了人类法治文明建设有益成果，是一部体现中国社会主义性质、符合人民利益和愿望、顺应时代发展要求的民法典，是一部体现对生命健康、财产安全、交易便利、生活幸福、人格尊严等各方面权利平等保护的民法典，也是一部具有鲜明中国特色、实践特色、时代特色的民法典。民法典在中国特色社会主义法律体系中具有重要地位，是一部固根本、稳预期、利长远的基础性法律，对推进全面依法治国、加快建设社会主义法治国家，对发展社会主义市场经济、巩固社会主义基本经济制度，对坚持以人民为中心的发展思想、依法维护人民权益、推动中国人权事业发展，对推进国家治理体系和治理能力现代化，都具有重大意义。

2020年10月，中共十九届五中全会通过《中共中央关于制定国民经济和社会发展第十四个五年规划和二〇三五年远景目标的建议》，明确提出未来法治建设的主要目标任务："十四五"时期要实现"国家治理效能得到新提升，社会主义民主法治更加健全，社会公平正义进一步彰显，国家行政体系更加完善"。到2035年，"人民平等参与、平等发展权利得到充分保障，法治国家、法治政府、法治社会基本建成，各方面制度更加完善，国家治理体系和治理能力现代化基本实现"[1]。

2020年11月，中央全面依法治国工作会议召开，在新中国法治建设史上具有划时代的里程碑意义。这次会议最重要的成果，是明确了习近平法治思想在全面依法治国中的指导地位，确立了新时代推进全面依法治国的行动指南。

2022年10月，中共二十大专章部署坚持全面依法治国、推进法治中国建设的战略任务，凝聚了全党全国的高度共识，充分彰显法治是治国理政的基本方式，是国家治理体系和治理能力的重要依托，这在我国社会主义法治建设史上具有里程碑意义。

---

[1] 习近平：《决胜全面建成小康社会，夺取新时代中国特色社会主义伟大胜利》（2017年10月18日），《习近平谈治国理政》第三卷，外文出版社2020年版，第22页。

・良法善治・

（二）全面贯彻落实，法治中国建设取得新成就

2012年以来，中国全面贯彻落实法治中国建设的重大决策和战略部署，全面推进依法治国实践，社会主义法治国家建设取得举世瞩目的成就。

第一，全面依法治国总体格局基本形成。党的十八大以来，以习近平同志为核心的党中央坚持系统观念，坚持前瞻性思考、全局性谋划、整体性推进，不断完善全面依法治国的顶层设计，制定"一规划两纲要"，擘画了全面依法治国的施工表、路线图，构建起法治中国建设的"四梁八柱"。我们聚焦全面依法治国总目标，围绕保障和促进社会公平正义，坚持依法治国、依法执政、依法行政共同推进，坚持法治国家、法治政府、法治社会一体建设，全面推进科学立法、严格执法、公正司法、全民守法，法治建设系统性、整体性、协同性不

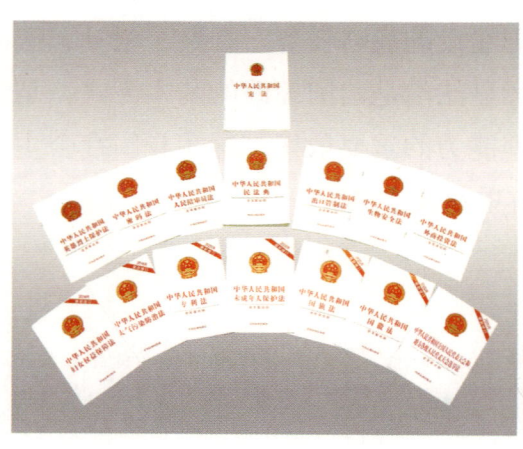

十三届全国人大及其常委会制定或修订的部分法律单行本

断增强，全面依法治国总体格局更加清晰。

第二，推进科学立法，法律体系日趋完善。通过宪法修正案，制定民法典等法律，修改立法法等法律，加强重点领域、新兴领域、涉外领域立法，以宪法为核心的中国特色社会主义法律体系更加完备。圆满完成民法典编纂，充分发挥民法典作为固根本、稳预期、利长远的基础性法律作用。监察法、外商投资法、土地管理法、电子商务法、网络安全法、政府投资条例、优化营商环境条例、政府信息公开条例等一批法律法规制定修改，为推进国家治理体系和治理能力现代化、满足人民群众对美好生活新期待提供了重要保障。在抗击新冠疫情斗争中，抓紧推动传染病防治法、突发公共卫生事件应急条例等法律法规制定修改，依法严厉打击暴力伤医、制假售假、妨碍疫情防控等违法犯罪行为，在处置重大突发事件中切实提高依法执政、依法行政水平。为助力打赢打好防范化解重大风险、精准脱贫、污染防治的攻坚战，制定修改大气污染防治法、土壤污染防治法、保障农民工工资支付条例等重要法律法规，严厉打击危害金融安全、破坏生态环境、挪用扶贫资金等违法犯罪行为，妥善审理征地补偿、移民搬迁、就业医疗等涉民生领域案件，为统筹推进疫情防控和经济社会发展提供了有力法治保障和有效法律服务。

同时，立法体制机制更加健全，备案审查制度深入实施，公众参与立法覆盖面不断扩大，科学民主依法立

• 良法善治 •

2021年4月10日，在江苏省镇江市二道巷社区，江苏大学法律援助中心志愿者在向居民宣讲《民法典》及相关的法律知识。

法扎实推进。2015年立法法修改，赋予设区的市地方立法权。截至2020年，中国有地方立法主体353个，包括31个省（区、市）、289个设区的市、30个自治州和3个不设区的地级市。截至2022年12月，全国人大及其常委会通过宪法修正案，制定法律294件（其中，宪法相关法49件、民法商法24件、行政法97件、经济法83件、社会法27件、刑法3件、诉讼与非诉讼程序法11件），国务院制定行政法规598件，地方立法主体制定地方性法规1.3万余件，以宪法为核心的中国特色社会主义法律体系更加完备。

第三，推进依法行政，加强法治政府建设。中共

一、中国开启法治建设新时代

十八大以来，根据《法治政府建设实施纲要（2015—2020年）》的部署，中国法治政府建设取得了重大进展。政府职能依法履行更加全面，依法行政制度体系不断完善，行政决策的科学化、民主化、法治化水平得到很大提升，行政执法更加严格规范公正文明，对行政权力的制约监督更加有力，社会矛盾纠纷的依法化解更加切实，法治政府建设的组织保障和推进落实更加有效。2019年，《法治政府建设与责任落实督察工作规定》《关于开展法治政府建设示范创建活动的意见》出台，在中央层面逐步建立起了督察和示范创建"两手抓"的工作机制，明确了推进法治政府建设工作的重要抓手。2019年10月至12月，中央依法治国办公室在全国范围内开展法治政府建设督察，督察组对河北、山西、浙江、江西、贵州、云南、陕西、甘肃等8个省份进行实地督察。中共十八大以来的十年，中国把法治政府建设摆到更加突出的位置，颁布和实施了两个五年《法治政府建设实

> **链接：**
>
> 2012—2014年、2018—2019年，在全党范围内先后进行两次党内法规和规范性文件集中清理，决定废止、宣布失效和修改866件中央法规文件，实现党内法规制度"瘦身"和"健身"。截至2021年4月，各地区各部门向党中央报备党内法规和规范性文件3.2万多件、发现和处理"问题文件"近1400件，维护了党内法规和党的政策协调统一，推动了全党上下步调一致向前进。

施纲要》,深入推进"放管服"改革,持续深化行政执法体制改革,法治政府建设推进机制基本形成,依法行政制度体系日益健全,严格规范公正文明执法水平普遍提高,法治政府建设迈上新台阶。

第四,推进公正司法,深化以司法责任制为重点的司法体制改革,实行司法人员分类管理,落实"让审理者裁判、由裁判者负责""谁办案谁负责、谁决定谁负责"办案责任制。推行立案登记制,设立巡回法庭,实现审判重心下移,方便群众诉讼。推进以审判为中心的刑事诉讼制度改革,推进民事诉讼程序繁简分流,有力提升司法质量和效率。建立检察机关提起公益诉讼制度,切实维护国家利益和社会公共利益。推动切实解决"执行难"问题,维护人民群众合法权益。依法纠正一批重大冤假错案件,司法质量、效率、公信力显著提高。

第五,推进全民普法守法,弘扬法治精神。中国坚持把全民普法和守法作为全面依法治国的基础性工作,实行国家机关"谁执法谁普法"的普法责任制,将法治教育纳入国民教育体系。公共法律服务网络平台、热线平台全面建成并不断完善,省市县乡四级公共法律服务建成实体平台4.1万余个。社会矛盾纠纷多元预防调处化解综合机制更加健全,人民调解、行政调解、行业性专业性调解、司法调解协调联动的大调解工作格局逐步建立,通过法定渠道解决矛盾纠纷的比率大幅提升。新媒体技术被广泛运用到普法宣传工作中,普法宣传的效率显著提高，普法宣传实效明显增强。

第六，推进依法执政，加强党内法规制度建设。加强党内法规制度建设，是建设中国法治体系的重要组成部分。坚持依法治国和依规治党有机统一，既依据宪法法律治国理政，又依据党内法规管党治党，是法治中国建设的必然要求。2012年颁布实施、2019年修订的《中国共产党党内法规制定条例》，对党内法规的制定原则、制定主体、制定事项、制定权限、制定程序、制定工作保障等作出全面规定，为党内法规制定工作提供基本遵循。2019年中共中央出台新修订的《中国共产党党内法规和规范性文件备案审查规定》，对于加强党内监督，维护党内法规和党的政策的统一性权威性发挥了重要作用。截至2023年3月，中国共产党现行有效党内法规共3780部。其中，党中央制定的中央党内法规224部，中央纪律检查委员会以及党中央工作机关制定的部委党内法规190部，省、自治区、直辖市党委制定的地方党内法规3366部，中国共产党党内法规制度体系建设取得历史性成就。

习近平法治思想是党的十八大以来法治建设最重要的标志性成果。新时代法治建设之所以能够取得全方位、开创性历史成就，发生深层次、根本性历史变革，根本在于习近平总书记作为党中央核心、全党核心掌舵领航，根本在于习近平法治思想的科学指导。

二、中国法治建设的核心问题

党的领导是推进全面依法治国的根本保证。我们党是世界最大的执政党,领导着世界上人口最多的国家,如何掌好权、执好政,如何更好把14亿人民组织起来、动员起来全面建设社会主义现代化国家,是一个始终需要高度重视的重大课题。

——习近平2020年11月16日在中央全面依法治国工作会议上的讲话

坚持中国共产党对全面依法治国的领导，必须正确处理党的领导与法治的关系。这是当代中国法治建设的关键和核心问题。

（一）中国共产党领导是社会主义法治最根本的保证

中国共产党领导是中国特色社会主义最本质的特征，是中国特色社会主义制度的最大优势，也是社会主义法治和推进全面依法治国的根本保证。推进全面依法治国，建设社会主义法治国家，必须坚定不移走中国特色社会主义法治道路，毫不动摇地坚持和加强党对全面依法治国的领导。

办好中国的事情，关键在党。新中国成立70多年来，为什么能创造经济快速发展奇迹和社会长期稳定奇迹？根本的一条就是始终坚持中国共产党的领导。党的领导是党和国家事业不断发展的"定海神针",也是中国特色社会主义法治之魂。离开了中国共产党的领导,中国特色社会主义法治体系、社会主义法治国家就建不起来。全面依法治国,绝不是要虚化、弱化甚至动摇、否定党的领导,而是为了进一步巩固党的执政地位、改善党的执政方式、提高党的执政能力,保证党和国家长治久安。

坚持党的领导,是社会主义法治的根本要求,是党和国家的根本所在、命脉所在,是全国各族人民的利益所系、幸福所系,是推进全面依法治国的题中应有之义。中国宪法确立了中国共产党的领导地位,只有在党的领导下依法治国、厉行法治,人民当家作主才能充分实现,国家和社会生活法治化才能有序推进。当前,中国已经踏上了全面建设社会主义现代化国家、向第二个百年奋斗目标进军的新征程,以中国式现代化全面推进中华民族伟大复兴,更加需要依靠法治,更好发挥法治固根本、稳预期、利长远的保障作用,更加需要加强党对全面依法治国的领导。

(二)正确认识和深刻把握党法关系、党政关系

坚持党对全面依法治国的领导,必须处理好党法关系、党政关系。党和法治的关系是法治建设的核心问题、根本问题,处理得好,则法治兴、党兴、国家兴;处理得不好,则法治衰、党衰、国家衰。中国共产党领导和

二、中国法治建设的核心问题

社会主义法治是高度统一的，社会主义法治必须坚持党的领导，党的领导必须依靠社会主义法治，两者相辅相成、高度统一。

在中国，法是党的主张和人民意愿的统一体现，党领导人民制定宪法法律，党领导人民实施宪法法律，党自身必须在宪法法律范围内活动，这就是党的领导力量的体现。全党在宪法法律范围内活动，这是党的高度自觉，也是坚持党的领导的具体体现。

党和法的关系实质上是政治和法治关系的集中反映。习近平总书记指出："法治当中有政治，没有脱离政治的法治。西方法学家也认为公法只是一种复杂的政治话语形态，公法领域内的争论只是政治争论的延伸。每一种法治形态背后都有一套政治理论，每一种法治模式当中都有一种政治逻辑，每一条法治道路底下都有一种政治立场。"[1] 旗帜鲜明地坚持政治与法治相统一、政治引领法治，坚持党的政治性与法治的阶级性高度统一、党集中统一领导社会主义法治建设，是习近平法治思想的一个显著特征。

"党大还是法大"是一个政治陷阱，是一个伪命题。早在改革开放初期，时任全国人大常委会法制委员会主

---

[1] 习近平：《在省部级主要领导干部学习贯彻党的十八届四中全会精神全面推进依法治国专题研讨班上的讲话》（2015年2月2日），中共中央文献研究室编：《习近平关于全面依法治国论述摘编》，中央文献出版社2015年版，第34页。

任的彭真，对"党大还是法大"的问题就作出了十分明确的回答："党领导人民制定法律，也领导人民遵守法律。有人问：是法大，还是哪级党委大、哪个党委书记大？当然是法大。不论哪级党委，更不论哪个负责人，如果他的意见与法律不一致，那是他个人的意见。谁都得服从法律。"①

习近平总书记指出："我们说不存在'党大还是法大'的问题，是把党作为一个执政整体而言的，是指党的执政地位和领导地位而言的，具体到每个党政组织、每个领导干部，就必须服从和遵守宪法法律，就不能以党自居，就不能把党的领导作为个人以言代法、以权压法、徇私枉法的挡箭牌。"②换言之，如果我们不能在法治建设实践中切实解决一些地方和部门、某些领导干部中依然存在的权大于法等问题，那么，这些地方、部门和个人违反法治的言行就会归责于国家政治体制、共产党的领导和社会主义法治，"党大还是法大"的问题就很难从现实生活中淡出。因此，在从理论上回答"党大还是法大"问题的前提下，还要在制度和实践中下大力解决好依法治权、依法治官、切实把权力关进法律和

---

① 彭真：《关于地方人大常委会的工作》（1980年4月18日），《彭真文选》，人民出版社1991年版，第389页。
② 习近平：《在省部级主要领导干部学习贯彻党的十八届四中全会精神全面推进依法治国专题研讨班上的讲话》（2015年2月2日），中共中央文献研究室编：《习近平关于全面依法治国论述摘编》，中央文献出版社2015年版，第37页。

制度笼子里等重大问题。

党政关系是党法关系的必然延伸。加强党对全面依法治国的领导，必须正确理解和处理党政关系。中国共产党作为执政党，"执"的就是"政"。如果执政党与国家的政治、政权、政体、政法剥离或者分开，它就不是执政党了，而会蜕变成在野党、反对党。在中国是这样，在西方国家也是如此。在中国共产党的领导下，只有党政分工，没有党政分开；只有党政配合、党政融合，没有党政鼎立。

(三) 坚持"三者有机统一"最根本的是坚持党的领导

把坚持党的领导、人民当家作主、依法治国有机统一起来，是中国社会主义法治建设的一条基本经验。我们强调坚持"三者有机统一"，最根本的是坚持党的领导。只有坚持党的领导，人民当家作主才能充分实现，国家和社会生活制度化、法治化才能有序推进。不能把坚持党的领导同人民当家作主、依法治国对立起来，更不能用人民当家作主、依法治国来动摇和否定党的领导。习近平总书记指出，坚持党的领导、人民当家作主、依法治国有机统一是社会主义政治发展的必然要求。党的领导是人民当家作主和依法治国的根本保证，人民当家作主是社会主义民主政治的本质特征，依法治国是党领导人民治理国家的基本方式。在观念形态上，三者坚持中国特色社会主义理论自信，统一于中国化的马克思主义，统一于习近平新时代中国特色社会主义思想；在实践形态上，三者坚持中国特色社会主义道路自信，统一于新时代坚持和发展中国特色社会主义、推进中国特色社会主义民主政治建设的实践之中，统一于建设社会主义现代化法治强国、实现中华民族伟大复兴的全过程；在制度形态上，三者坚持中国特色社会主义制度自信，统一于中华人民共和国宪法确立的国家制度体系，统一于人民代表大会制度这一根本制度安排和根本制度载体。

（四）把党的领导贯彻到全面依法治国全过程各方面

新时代加强党对全面依法治国的领导，不仅要坚持党长期以来对法治建设行之有效的政治领导、组织领导和思想领导，而且要与时俱进地坚持把党的领导贯彻到社会主义法治建设的全过程，落实到推进全面依法治国的各方面。全面依法治国是一项长期而重大的历史任务，是一个复杂而宏大的系统工程，不仅涉及立法、执法、司法、守法、护法的各个环节，涉及法治国家、法治政府、法治社会一体建设，依法治国、依法执政、依法行政共同推进的各个方面，涉及法治经济、法治文化、依法治军、涉外法治、国际法治等各个领域，而且涉及法治人才队

二、中国法治建设的核心问题

伍建设以及法学研究、法治宣传、法学教育等诸多领域，无论哪个领域、哪个方面、哪个环节缺失了弱化了，都会削弱党的力量，损害党和国家事业。坚持和加强党对全面依法治国的领导，不是一句空的口号，而是要具体体现在党领导立法、保证执法、支持司法、带头守法上。

推进党的领导制度化、法治化，既是加强党的领导的应有之义，也是法治建设的重要任务。2018年组建的中央全面依法治国委员会，是中共党史上第一次设立这样的机构，目的是加强党对全面依法治国的集中统一领导，统筹推进全面依法治国工作。习近平总书记指出："成立这个委员会，就是要健全党领导全面依法治国的制度和工作机制，强化党中央在科学立法、严格执法、公正司法、全民守法等方面的领导，更加有力地推动党中央决策部署贯彻落实。"①

政法工作是党和国家工作的重要组成部分，是党领导政法单位依法履行专政职能、管理职能、服务职能的重要方式和途径。必须坚持党对政法工作的绝对领导。但是，党对政法工作的领导是管方向、管政策、管原则、管干部，不是越俎代庖包办具体事务，领导干部更不能借党对政法工作的领导之名对司法机关工作进行不当干预。

---

① 习近平：《在中央全面依法治国委员会第一次会议上的讲话》（2018年8月24日），《论坚持全面依法治国》，中央文献出版社2020年版，第223页。

中国共产党提出依法治国的理念,并且上升为党领导人民治理国家的基本方略,中国共产党将会一直带领人民在实践中推进全面依法治国。

三、法治中国的根本立场

全面依法治国最广泛、最深厚的基础是人民，必须坚持为了人民、依靠人民。要把体现人民利益、反映人民愿望、维护人民权益、增进人民福祉落实到全面依法治国各领域全过程，保证人民在党的领导下通过各种途径和形式管理国家事务、管理经济文化事业、管理社会事务，保证人民依法享有广泛的权利和自由、承担应尽的义务。

——习近平2020年11月16日在中央全面依法治国工作会议上的讲话

中国是十四亿人民当家作主的法治国家。它秉持以人民为中心、以人民为主体的根本立场，确立法治建设为了人民、依靠人民、造福人民的崇高宗旨，恪守保障人权和维护社会公平正义的基本原则。

(一) 坚持人民至上的主体地位

　　"全面依法治国最广泛、最深厚的基础是人民，必须坚持为了人民、依靠人民。"① 人民是历史的创造者，是决定党和国家前途命运的根本力量。中共十九大指出：

---

① 习近平：《以科学理论为指导，为全面建设社会主义现代化国家提供有力法治保障》（2020年11月16日），《习近平谈治国理政》第四卷，外文出版社2022年版，第288页。

"中国共产党人的初心和使命,就是为中国人民谋幸福,为中华民族谋复兴。这个初心和使命是激励中国共产党人不断前进的根本动力。全党同志一定要永远与人民同呼吸、共命运、心连心,永远把人民对美好生活的向往作为奋斗目标。"中国现行宪法明确规定:人民是国家的主人,国家的一切权力属于人民。在中国,国家的主体是人民,政权的主体是人民,全面依法治国的主体也是人民。人民是国家和社会主体的宪法地位,决定了一切国家权力和国家机构的人民性,决定了社会主义法治建设必须为了人民、依靠人民、造福人民、保护人民;决定了人民必然是全面依法治国的主体,必然是治国理政的力量源泉。

坚持以人民为中心,必须坚持人民至上原则,保证人民在政治生活、经济生活和社会生活中的主体地位,实现人民当家作主的幸福生活。这是中国共产党的宗旨和国家性质的集中体现,是全面依法治国的必然要求。坚持以人民为中心的主体地位,必须以保障人民根本权益为出发点和落脚点,切实保证国家的一切权力属于人民,扩大人民民主,保证人民当家作主,从各个层次、各个领域扩大公民有序政治参与;切实"保证人民在党的领导下,依照法律规定,通过各种途径和形式管理国家事务,管理经济和文化事业,管理社会事务。要把体现人民利益、反映人民愿望、维护人民权益、增进人民福祉落实到依法治国全过程,使法律及其实施充分体现人民意志"①。

　　人民代表大会制度是坚持党的领导、人民当家作主、依法治国有机统一的根本政治制度安排，必须长期坚持、不断完善。坚持以人民为中心，保证人民成为全面依法治国名副其实的主体，必须坚持宪法权威和人民代表大会制度，使宪法真正成为具有最高权威和最高法律效力的根本法，使人民代表大会制度真正成为中国的根本政治制度。中共十九大强调，必须"坚持人民当家作主……坚持和完善人民代表大会制度……发展社会主义协商民主，健全民主制度，丰富民主形式，拓宽民主渠道，保证人民当家作主落实到国家政治生活和社会生活之中"。中共二十大明确提出，要健全人民当家作主制度体系，扩大人民有序政治参与，保证人民依法实行民主选举、民主协商、民主决策、民主管理、民主监督，发挥人民群众积极性、主动性、创造性，巩固和发展生动活泼、安定团结的政治局面。

（二）人民幸福生活是最大的人权

　　推进全面依法治国，根本目的是依法保障人民权益。

---

① 习近平：《加快建设社会主义法治国家》（2014年10月23日），《习近平谈治国理政》第二卷，外文出版社2017年版，第115页。

在宪法和法治话语下，维护人民利益、保障人民权益、实现人民幸福，最根本的就是要贯彻中国现行宪法规定的尊重和保障人权的原则。人民幸福生活是最大的人权。把中国共产党全心全意为人民服务的政治承诺表达为法治话语，把党治国理政为了实现人民幸福的目标转化为法治使命，把以人民为中心和主体的利益诉求表述为法治原则，就是切实尊重、保障和实现人权。在现代法治社会，人权的宪法法律化程度越高，法治对人权实现保障得越彻底，司法对人权救济和保障得越充分，这个社会就越容易实现稳定和谐、公平正义、诚信有序。所以，尊重、保障和充分实现人权，必然是全面依法治国的重要内容和崇高目标。

在中国，人权是一个宪法法律概念和制度体系，是坚持以人民为中心、维护人民主体地位、保障人民根本利益的宪法化、法律化表现形式，是保障人民安全、维护人民尊严、实现人民幸福的具体化和法治化。中共十九大明确提出，要"加强人权法治保障，保证人民依法享有广泛权利和自由"。加强人权法治保障，可以把政治意义上的"人民"转化为法治体系上的"公民"，把抽象笼统的人民"幸福"转化为具体现实的公民"权利"，把实现人民福祉的政治意愿落实到制度化可操作的"权利保障和司法救济"中，从而用法治方式具体坚持以人民为中心的原则，实实在在地保障人民利益、维护人民福祉、实现人民幸福。

三、法治中国的根本立场

【大·家·说】

　　法治建设对于保障人权有着重要作用。作为一名律师，我对中国的法治建设一直很关注。近年来，中国政府不断完善法律体系，优化法治环境，为维护社会公平正义等提供了更全面的法制保障，努力使每一个人都能感受到公平正义。

　　中国在不断推进自身人权事业的同时，也为世界人权事业发展作出了重大贡献。长期以来，中国通过提供援助、创造经济发展机会等，助力广大发展中国家加快经济增长、民生改善，提高了这些国家的人权保障水平。我本人曾在中国大学任教，亲眼见证了中国为许多发展中国家的年轻人提供奖学金以及在中国接受高等教育的宝贵机会。

　　　　　　　　　　——荷兰乌特勒支大学法学院教授、
　　　　　　　　荷兰人权研究所所长汤姆·兹瓦特

　　实现中国梦，最根本的就是要实现国家富强、人民幸福和中华民族伟大复兴。对于人民中的每一个成员来说，人民幸福最根本的体现，就是每一个人民群众的每一项权利和基本自由都得到切实尊重和有效保障。只有保证公民在法律面前一律平等，切实尊重和保障人权，保证人民依法享有广泛的权利和自由，宪法法律才能深入人心，走入人民群众，宪法法律实施才能真正成为全体人民的自觉行动。

（三）维护和实现社会公平正义

"中国人民实现中华民族伟大复兴中国梦的过程，本质上就是实现社会公平正义和不断推动人权事业发展的进程。"[①] 维护和实现社会公平正义，不仅是社会主义的本质要求，是社会主义核心价值观的重要内容，也是中国共产党、国家和人民的共同追求。中华人民共和国成立以来，经过艰苦卓绝的奋斗和努力，先后解决了中国人民"站起来"和"富起来"的问题，当下迫切需要解决的根本问题是如何"分配好蛋糕"，努力使中国社会更加"公平正义起来"。维护和实现公平正义，是中国从社会主义初级阶段迈向高级阶段的必然要求，也是中国特色社会主义法治的基本职责。

维护和实现社会公平正义，要做到消除贫困，让人人都进入全面小康；要切实减少和消除社会不公、贫富不均等问题，实现邓小平在改革开放初期提出的"共同富裕"的社会主义目标。习近平总书记明确要求："我们要随时随刻倾听人民呼声、回应人民期待，保证人民平等参与、平等发展权利，维护社会公平正义，在学有所教、劳有所得、病有所医、老有所养、住有所居上持续取得新进展，不断实现好、维护好、发展好最广大人

[①]《习近平同美国总统奥巴马共同会见记者》，《人民日报》2015年9月26日。

三、法治中国的根本立场

> **链接：**
>
> 2021年2月25日上午，全国脱贫攻坚总结表彰大会在北京隆重举行。习近平总书记向世界庄严宣告——
>
> "经过全党全国各族人民共同努力，在迎来中国共产党成立一百周年的重要时刻，我国脱贫攻坚战取得了全面胜利，现行标准下9899万农村贫困人口全部脱贫，832个贫困县全部摘帽，12.8万个贫困村全部出列，区域性整体贫困得到解决，完成了消除绝对贫困的艰巨任务，创造了又一个彪炳史册的人间奇迹！"

民根本利益，使发展成果更多更公平惠及全体人民，在经济社会不断发展的基础上，朝着共同富裕方向稳步前进。"[①] 因此，公平正义是人民的期盼、法治的灵魂。法治中国建设，必须把坚持以人民为中心与实现社会公平正义统一起来，以法治保障和促进社会公平正义的充分实现。

切实保障社会公平正义和人民权利，也是中国国家制度和治理体制的显著优势。进入新时代、面对新矛盾，人民群众对美好生活的向往更多向民主、法治、公平、正义、安全、环境等方面延展。增进民生福祉是发展的根本目的。坚持以人民为中心，必须坚持在发展中保障和改善民生。多谋民生之利、多解民生之忧，在发展中

---

① 习近平：《在第十二届全国人民代表大会第一次会议上的讲话》（2013年3月17日），《习近平谈治国理政》第一卷，外文出版社2018年版，第41页。

•良法善治•

补齐民生短板、促进社会公平正义，保证全体人民在共建共享发展中有更多获得感，不断促进人的全面发展、全体人民共同富裕。中共二十大明确提出，要围绕保障和促进社会公平正义，坚持依法治国、依法执政、依法行政共同推进，坚持法治国家、法治政府、法治社会一体建设，全面推进科学立法、严格执法、公正司法、全民守法，全面推进国家各方面工作法治化。全面推进依

近年来，巡回法庭制度在中国多地展开，该制度是法院为方便群众诉讼，在辖区设置巡回地点，定期或不定期到巡回地点受理并审判案件的制度。法官时常出现在乡村、山区，甚至轮船上为民解忧，让更多的人有法可依。这是2017年11月广东湛江，开完庭，退潮了，船无法靠岸，硇洲法庭三位办公人员只能涉水上岸。

三、法治中国的根本立场

法治国，要牢牢把握社会公平正义这一法治价值追求，努力让人民群众在每一项法律制度、每一个执法决定、每一宗司法案件中都感受到公平正义。

促进社会公平正义是中国政法工作的核心价值追求。政法机关把维护社会稳定作为基本任务，把促进社会公平正义作为核心价值追求，把保障人民安居乐业作为根本目标，坚持严格执法、公正司法。习近平总书记说："公平正义是政法工作的生命线，司法机关是维护社会公平正义的最后一道防线。政法战线要肩扛公正天平、手持正义之剑，以实际行动维护社会公平正义，让人民群众切实感受到公平正义就在身边。要重点解决好损害群众权益的突出问题，决不允许对群众的报警求助置之不理，决不允许让普通群众打不起官司，决不允许滥用权力侵犯群众合法权益，决不允许执法犯法造成冤假错案。"[1]

---

[1] 习近平：《促进社会公平正义，保障人民安居乐业》（2014年1月7日），《习近平谈治国理政》第一卷，外文出版社2018年版，第148页。

四、建设法治中国的正确道路

中国特色社会主义法治道路是一个管总的东西。具体讲我国法治建设的成就,大大小小可以列举出十几条、几十条,但归结起来就是开辟了中国特色社会主义法治道路这一条。

——习近平2014年10月23日在中共十八届四中全会第二次全体会议上的讲话

道路决定命运，道路决定前途。一个国家走什么样的法治道路，是由其基本国情决定的。

（一）全面依法治国必须走对路

"全面推进依法治国，必须走对路。如果路走错了，南辕北辙了，那再提什么要求和举措也都没有意义了。"[①]2014年10月中共十八届四中全会通过的《中共中央关于全面推进依法治国若干重大问题的决定》，有一条贯穿全篇的红线，就是坚持和拓展中国特色社会主义法治道路。2020年11月中央全面依法治国工作会议

[①] 习近平：《加快建设社会主义法治国家》（2014年10月23日），《习近平谈治国理政》第二卷，外文出版社2017年版，第113页。

· 良法善治 ·

进一步明确要求，全面推进依法治国，必须坚持中国特色社会主义法治道路，为全面建设社会主义现代化国家提供有力法治保障。

中国特色的法治道路，一方面靠的是党和政府对于推进法治建设的坚定和自觉，另一方面靠的是对于来自广大人民群众的法治需求的满足和回应，二者共同构成了社会主义中国法治现代化的"合力"。正如习近平总书记曾说过："从已经实现现代化国家的发展历程看，像英国、美国、法国等西方国家，呈现出来的主要是自下而上社会演进模式，即适应市场经济和现代化发展需要，经过一二百年乃至二三百年内生演化，逐步实现法治化，政府对法治的推动作用相对较小。像新加坡、韩国、日本等，呈现出来的主要是政府自上而下在几十年时间快速推动法治化，政府对法治的推动作用很大。就我国而言，我们要在短短几十年时间内在13亿多人口的大国实现社会主义现代化，就必须自上而下、自下而上双向互动地推进法治化。"[1]

中国特色社会主义法治道路，是历史的选择、人民的选择和中国经济社会发展的必然要求，是全面推进依法治国、建设社会主义法治国家的唯一正确道路和根本行动依循。在比较法视野和历史方位的坐标上，

---

[1] 习近平：《各级领导干部要做尊法学法守法用法的模范》（2015年2月2日），《论坚持全面依法治国》，中央文献出版社2020年版，第135—136页。

四、建设法治中国的正确道路

中国特色社会主义法治道路有自己的时空定位和时代特色。

一是相对于英国、法国、德国、美国、日本等资本主义国家的法治模式和法治道路而言，中国所走的是社会主义法治道路，在法治道路的本质和定性问题上，中国的法治"姓社"。因此坚持中国特色社会主义法治道路，最根本的是坚持中国共产党的领导。坚持党的领导是中国特色社会主义法治道路的内在要求和本质特征，"是中国特色社会主义法治之魂"[1]。我们要学习借鉴人类法治文明的有益成果，但决不能照搬照抄西方法治模式，"决不能走西方'宪政'、'三权鼎立'、'司法独立'的路子"[2]。

二是相对于苏联、东欧等原社会主义国家和现在越南、朝鲜、古巴等社会主义国家的法治模式和法治道路而言，虽然都是社会主义国家，都坚持法治建设的社会主义性质和方向，但我们所走的是具有"中国特色"的社会主义法治道路。中华民族数千年的历史基因和中华文明源远流长的历史沿革，中国的文化传统、现实国情

---

[1] 习近平：《在省部级主要领导干部学习贯彻党的十八届四中全会精神全面推进依法治国专题研讨班上的讲话》（2015年2月2日），中共中央文献研究室编：《习近平关于全面依法治国论述摘编》，中央文献出版社2015年版，第35页。

[2] 习近平：《坚持以全面依法治国新理念新思想新战略为指导，坚定不移走中国特色社会主义法治道路》（2018年8月24日），《习近平谈治国理政》第三卷，外文出版社2020年版，第285页。

和经济社会条件等综合因素,决定了我们的法治只能也必须从中国的国情和实际出发,走具有中国特色的社会主义法治发展道路,只能学习借鉴而绝不能复制克隆苏联、越南等社会主义国家的法治模式和法治道路。开辟和拓展中国特色社会主义法治道路的实践充分证明,照搬照抄别国的法治模式,包括照搬照抄其他社会主义国家的法治模式,注定不会成功。

三是相对于马克思主义经典作家关于理想社会主义社会及其国家与法治的论述观点和描绘图景,中国现在处于并将长期处于社会主义初级阶段,中国法治是社会主义初级阶段的法治和全面依法治国。由社会主义初级阶段具体国情和实际条件所决定,中国法治建设在立法、执法、司法、守法等方面都存在不少薄弱环节,侦查权、检察权、审判权、执行权相互制约的体制机制还没有完全形成,有法不依、执法不严、违法不究等现象时有发生,"同党和国家事业发展要求相比,同人民群众期待相比,同推进国家治理体系和治理能力现代化目标相比,法治建设还存在许多不适应、不符合的问题"[①]。

四是相对于中国历史上中华法系源远流长的法文化和法律制度模式,中国今天所走的是一条推进国家治理体系和治理能力现代化、建设社会主义现代化法治国家

[①] 《中共中央关于全面推进依法治国若干重大问题的决定》(2014年10月23日),人民出版社2014年版,第3页。

四、建设法治中国的正确道路

> **链接:**
>
> 自古以来,我国形成了世界法制史上独树一帜的中华法系,积淀了深厚的法律文化。中华法系形成于秦朝,到隋唐时期逐步成熟,《唐律疏议》是代表性的法典,清末以后中华法系影响日渐衰微。
>
> 与大陆法系、英美法系、伊斯兰法系等不同,中华法系是在我国特定历史条件下形成的,显示了中华民族的伟大创造力和中华法制文明的深厚底蕴。中华法系凝聚了中华民族的精神和智慧,有很多优秀的思想和理念值得我们传承。

的法治发展道路,是在中国历史传承、文化传统、经济社会发展基础上长期发展、渐进改进、内生性演化的结果,是秉持开放包容、科学创新精神,代表先进生产力、先进生产关系和先进文化的现代法治类型,是面向世界、面向未来、学习借鉴人类法治文明有益成果的现代化产物。

因此,"历史和现实告诉我们,只有传承中华优秀传统法律文化,从我国革命、建设、改革的实践中探索适合自己的法治道路,同时借鉴国外法治有益成果,才能为全面建设社会主义现代化国家、实现中华民族伟大复兴夯实法治基础"[1]。

---

[1] 习近平:《以科学理论为指导,为全面建设社会主义现代化国家提供有力法治保障》(2020年11月16日),《习近平谈治国理政》第四卷,外文出版社2022年版,第290页。

·良法善治·

（二）坚持依法治国与以德治国相结合

中国特色社会主义法治道路的一个鲜明特点，就是坚持依法治国和以德治国相结合，强调法治和德治两手抓、两手都要硬。这既是历史经验的总结，也是对治国理政规律的深刻把握。我国历史上有十分丰富的礼法并重、德法合治思想。周公主张"明德慎罚""敬德""保民"；孔子提出"为政以德"，强调"道之以政、齐之以刑，民免而无耻；道之以德，齐之以礼，有耻且格"；荀子主张"化性起伪"，提出"隆礼重法"；西汉董仲舒提出"阳为德，阴为刑"，主张治国要"大德而小刑"。尽管古人对德法的地位和作用认识不尽相同，但绝大多数都主张德法并用。法律是成文的道德，道德是内心的

> **链接：**
>
> "道之以政、齐之以刑，民免而无耻；道之以德，齐之以礼，有耻且格"这句话出自《论语·为政》。这是孔子关于"德治"思想的一段重要论述，意思是说，以行政手段引导民众，以刑罚来整顿、约束民众，虽然可以使民众暂时免于犯罪，但却无法使他们树立以犯罪为耻的观念。如果用道德来引导民众，用礼仪来规范民众，民众就会树立以犯罪为耻的观念，自觉地端正自己的行为。
>
> "化性起伪"出自《荀子·性恶》："故圣人化性而起伪，伪起而生礼义，礼义生而制法度。"意思是指通过对人自然本性的教化，制定出人为的礼仪和道德规范，有了这些礼仪道德规范，就可以制定出各种具体的规章制度。

四、建设法治中国的正确道路

2018年4月,十三届全国人大常委会第二次会议全票表决通过英雄烈士保护法。这是2021年7月中国共产党百年华诞前后,前往上海龙华烈士陵园祭奠的人们从天南海北赶来,络绎不绝,烈士墓前收到数以千计的鲜花和信件。

法律。法律和道德都具有规范社会行为、调节社会关系、维护社会秩序的作用,在国家治理中都有其地位和功能。法律是准绳,任何时候都必须遵循;道德是基石,任何时候都不可忽视。法安天下,德润人心。法律有效实施有赖于道德支持,道德践行也离不开法律约束。一方面,道德是法律的基础,只有那些合乎道德、具有深厚道德基础的法律才能为更多人所自觉遵行;另一方面,法律是道德的保障,可以通过强制性规范人们行为、惩罚违法行为来引领道德风尚。法治和德治不可分离、不可偏废,国家治理需要法律和道德协同发力。中华法治文明延续着我们国家和民族的精神血脉,既需要薪火相传、代代守护，也需要与时俱进、推陈出新。

　　坚持依法治国和以德治国相结合，既要重视发挥法律的规范作用，又要重视发挥道德的教化作用，在把法治作为治国理政基本方式的同时，注重弘扬社会主义核心价值观，着力实现法律和道德相辅相成、法治和德治相得益彰。发挥好道德的教化作用，以道德滋养法治精神，强化道德对法治文化的支撑作用，并把道德要求贯彻到法治建设中，把一些基本道德规范转化为法律规范，使法律法规更多体现道德理念和人文关怀，通过法律的强制力来强化道德作用、确保道德底线，推动全社会道德素质提升。同时，要运用法治手段解决道德领域突出问题，加强相关立法工作，明确对失德行为的惩戒措施，依法整治群众反映强烈的失德行为，让法律和道德在国家和社会治理中协同发力。

（三）借鉴人类法治文明有益成果

　　坚持从中国实际出发，不等于关起门来搞法治。法治是人类文明的重要成果之一，法治的精髓和要旨对于各国国家治理和社会治理具有普遍意义，我们要学习借鉴世界上优秀的法治文明成果。从人类法治文明角度看，"法治和人治问题是人类政治文明史上的一个基本问题，也是各国在实现现代化过程中必须面对和解决的一个重大问题。综观世界近现代史，凡是顺利实现现代化的国家，没有一个不是较好解决了法治和人治问题的。相反，一些国家虽然也一度实现快速发展，但并没有顺利迈进现代化的门槛，而是陷入这样或那样的'陷阱'，出现经济社会发展停滞甚至倒退的局面。后一种情况很大程度上与法治不彰有关。"①

从世界历史看，国家强盛往往同法治相伴而生。3000多年前，古巴比伦国王汉谟拉比即位后，统一全国法令，制定人类历史上第一部成文法《汉谟拉比法典》，并将法典条文刻于石柱，由此推动古巴比伦王国进入上古两河流域的全盛时代。德国著名法学家耶林说，罗马帝国3次征服世界，第一次靠武力，第二次靠宗教，第三次靠法律，武力因罗马帝国灭亡而消亡，宗教随民众思想觉悟的提高、科学的发展而缩小了影响，唯有法律征服世界是最为持久的征服。通过比较借鉴，习近平法治思想作出一个重要判断，即"历史和现实都告诉我们，法治兴则国兴，法治强则国强"。

对于人类法治文明有益成果，要立足中国国情和实际，在分析中参考、在比较中借鉴、在批判中吸收，绝不能崇洋媚外、照搬照抄。正如习近平总书记所说："对丰富多彩的世界，我们应该秉持兼容并蓄的态度，虚心学习他人的好东西，在独立自主的立场上把他人的好东

---

① 习近平：《在中共十八届四中全会第二次全体会议上的讲话》（2014年10月23日），中共中央文献研究室编：《习近平关于全面依法治国论述摘编》，中央文献出版社2015年版，第12页。

· 良法善治 ·

西加以消化吸收，化成我们自己的好东西，但决不能囫囵吞枣、决不能邯郸学步。照抄照搬他国的政治制度行不通，会水土不服，会画虎不成反类犬，甚至会把国家前途命运葬送掉。只有扎根本国土壤、汲取充沛养分的制度，才最可靠、也最管用。"[1]

---

[1] 习近平：《坚定对中国特色社会主义政治制度的自信》（2014年9月5日），《习近平谈治国理政》第二卷，外文出版社2017年版，第286页。

五、宪法是治国安邦的总章程、根本法

宪法是国家的根本法,是治国安邦的总章程,具有最高的法律地位、法律权威、法律效力,具有根本性、全局性、稳定性、长期性。

——习近平2012年12月4日在首都各界纪念现行宪法公布施行三十周年大会上的讲话

制定和实施宪法,是人类文明进步的标志,是人类社会走向现代化的重要支撑。中国共产党登上中国历史舞台后,经过艰辛探索和实践,成功在中华大地上制定和实施具有鲜明社会主义性质的宪法、真正意义上的人民宪法,在我国宪法发展史乃至世界宪法制度史上都具有开创性意义,为人类法治文明进步贡献了中国智慧、中国方案。

(一)宪法既是"总章程"又是"根本法"

宪法在国家生活和社会生活中具有非常重要的作用。早在1954年新中国第一部宪法起草过程中,毛泽东就明确指出:"一个团体要有一个章程,一个国家也要有一个章程,宪法就是一个总章程,是根本大法。用

・良法善治・

这是观众正在"五四宪法历史资料陈列馆"参观当年毛泽东办公室内摆放着的大量世界各国宪法原版及译本。"五四宪法历史资料陈列馆"位于杭州西湖边,这里是中华人民共和国第一部宪法——1954年宪法的起草地。1953年12月28日至1954年3月14日,毛泽东率领宪法起草小组成员在这里度过了77个日夜,起草了宪法草案初稿,为"五四宪法"的正式诞生奠定了重要基础。

宪法这样一个根本大法的形式,把人民民主和社会主义原则固定下来,使全国人民有一条清楚的轨道,使全国人民感到有一条清楚的明确的和正确的道路可走,就可以提高全国人民的积极性。"[1] 中国宪法最显著的特征之一,是"政治宪法"与"法治宪法"相结合,即中国宪法既是治国安邦的"总章程",是执政党指导思想、

---

[1] 毛泽东:《关于中华人民共和国宪法草案》,《毛泽东文集》第六卷,人民出版社1999年版,第328页。

基本原则、奋斗目标、发展道路以及路线方针政策的宪法化，又是治国理政的"根本法"，是国家最高意志的集中体现，具有最高法律地位、法律权威、法律效力。

为什么说中国宪法具有政治性和法律性的双重特征？一方面，宪法作为治国安邦的总章程，是全体人民共同意志和根本利益的体现，是重要的政治纲领和政治宣言。中国宪法确认了国家的根本道路和政治方向，确立了国家的指导思想、根本任务和奋斗目标，在治国理政的实践中发挥了重要作用，有效保障了国家各项工作沿着既定的道路和目标前进，避免了在各种大是大非问题上出现颠覆性错误。另一方面，中国宪法作为国家根本法，是国家各项制度和法律法规的总依据。一切国家机关都要依照宪法行使权力、履行职责，所有法律法规和制度政策都不得与宪法相抵触，任何组织和个人都必须维护宪法尊严和权威。

宪法是党和人民意志的集中体现，是国家意志的最高表现形式。依法治国首先要依宪治国，全面依法治国必须发挥宪法作为根本法的作用。坚持依法治国首先要坚持依宪治国，坚持依法执政首先要坚持依宪执政。

我们实行依宪治国、依宪执政，就是中国共产党领导人民依据宪法长期执政、治理国家，依据的是中华人民共和国宪法。党的领导和依法治国、依宪治国是高度统一的。离开了党的领导，依法治国、依宪治国就难以有效推进，社会主义法治国家就建不起来。

•良法善治•

我们党领导人民制定的宪法，是中国历史上第一部真正意义上的人民宪法。习近平总书记说："宪法是每个公民享有权利、履行义务的根本保证。宪法的根基在于人民发自内心的拥护，宪法的伟力在于人民出自真诚的信仰。只有保证公民在法律面前一律平等，尊重和保障人权，保证人民依法享有广泛的权利和自由，宪法才能深入人心，走入人民群众，宪法实施才能真正成为全体人民的自觉行动。"[1]

【大·家·说】

2018年，十三届全国人大一次会议通过了宪法修正案，共21条，把党和人民的理论创新成果、实践创新成果、制度创新成果体现到根本法中。内容非常丰富：一是确立了习近平新时代中国特色社会主义思想在国家政治和社会生活中的指导地位。二是调整充实了中国特色社会主义事业总体布局和第二个百年奋斗目标的内容。三是完善了依法治国和宪法实施举措。四是充实了坚持和加强中国共产党全面领导的内容。五是增加了监察委员会的有关规定等。这些修改更好地适应了新时代中国特色社会主义伟大实践，对于坚持以习近平同志为核心的党中央的集中统一领导，推进国家治理体系和治理能力现代化，具有十分重大的意义和极其深远的影响。

——全国人大常委会委员、
法制工作委员会副主任许安标

---

[1] 习近平：《在首都各界纪念现行宪法公布施行三十周年大会上的讲话》（2012年12月4日），《习近平谈治国理政》第一卷，外文出版社2018年版，第140—141页。

实践证明，我国宪法是符合国情、符合实际、符合时代发展要求的好宪法，是充分体现人民共同意志、充分保障人民民主权利、充分维护人民根本利益的好宪法，是推动国家发展进步、保证人民创造幸福生活、保障中华民族实现伟大复兴的好宪法。

（二）宪法的生命在于实施，宪法的权威也在于实施

全面贯彻实施宪法是全面依法治国、建设社会主义法治国家的首要任务和基础性工作。监督宪法的实施，是宪法赋予全国人大及其常委会的重要职责。全国人大及其常委会要担负起宪法监督职责，加强对宪法法律实施情况的监督检查，坚决纠正违宪违法行为。要推进合宪性审查工作，积极稳妥处理合宪性、涉宪性问题，坚决纠正和撤销一切违反宪法法律的法规、规范性文件。落实宪法解释程序机制，回应社会对宪法有关问题的关切，努力实现宪法的稳定性和适应性的统一。按照"有件必备、有备必审、有错必纠"的要求，加强和改进备案审查工作，纠正违背上位法规定、立法"放水"等问题。各国家机关出台文件、制定政策都要以宪法为依据、为准绳，确保同宪法规定、宪法精神相符合。

中共十八届四中全会对加强宪法实施和监督提出了新的更高要求。中共二十大明确提出，加强宪法实施和监督，健全保证宪法全面实施的制度体系，更好发挥

宪法在治国理政中的重要作用，维护宪法权威。全国人大及其常委会负有保证宪法实施、加强宪法监督的法定职责。要把保障宪法实施、维护宪法权威摆在全面依法治国更加突出的位置，坚持不懈抓好宪法实施工作，把全面贯彻实施宪法提高到一个新水平。

一是加强完善宪法制度方面的立法，以科学立法落实和推进宪法实施。制定国家勋章和国家荣誉称号法、国歌法、英雄烈士保护法；设立国家宪法日、建立宪法宣誓制度、设立国家公祭制度；修改立法法、地方组织法、选举法、代表法、预算法、国徽法、国旗法；依据宪法，授权国务院、"两高"或者地方、军队等进行改革试点，涉及国家监察体制改革、行政审批制度改革、农村土地制度改革、金融体制改革、司法体制改革、公务员制度改革等方面，确保有关改革试点在法治框架内依法有序推进。例如，全国人大常委会于2014年11月1日以立法形式把每年12月4日设立为国家宪法日，为推动宪法宣传教育机制常态化提供了法律保障，并连续开展国家宪法日活动，弘扬宪法精神，传播宪法理念，在全社会营造学习宪法的浓厚氛围。

又如，第十三届全国人民代表大会第三次会议通过《中华人民共和国香港特别行政区维护国家安全法》；这部法律对香港维护国家安全制度机制作出了法律化、规范化、明晰化的具体安排，为维护国家安全和香港长治久安、长期繁荣发展，保障香港居民依法享有的权利

五、宪法是治国安邦的总章程、根本法

2022年6月，香港国安法颁布实施两周年。香港，繁忙的旺角街头。

和自由，保护外国人在香港的合法权益，增强外国投资者对香港的信心，确保"一国两制"事业行稳致远，提供了法律支撑和根本保障，迈出了建立健全香港特别行政区维护国家安全的法律制度和执行机制的重要一步。

二是加强规范性文件备案审查。中共十八届四中全会提出，加强备案审查制度和能力建设，把所有规范性文件纳入备案审查范围，依法撤销和纠正违宪违法的规范性文件。备案审查机制逐渐完善，力度不断加大，备案审查工作也走向透明化，逐渐与百姓生活息息相关。

三是通过一系列决定、决议，推动和保障宪法贯彻落实。例如，为庆祝中华人民共和国成立70周年，弘扬民族精神和时代精神，2019年9月17日十三届全国人大

· 良法善治 ·

常委会第十三次会议通过了《关于授予国家勋章和国家荣誉称号的决定》，对 42 位中外功勋模范人物授予国家勋章、国家荣誉称号。再如，2021 年 3 月 30 日，全国人大常委会表决通过新修订的《中华人民共和国香港特别行政区基本法附件一香港特别行政区行政长官的产生办法》、新修订的《中华人民共和国香港特别行政区基本法附件二香港特别行政区立法会的产生办法和表决程序》。这对于坚持和完善"一国两制"制度体系，维护宪法和香港基本法确定的香港特别行政区宪制秩序，完善香港特别行政区选举制度，推动适合香港实际情况的民主政治制度发展，确保香港长治久安和长期繁荣稳定，维护国家主权、安全、发展利益，具有十分重大而深远的意义。

两名法官通过网络直播方式向观众宣传宪法知识

四是推进合宪性审查工作。推进合宪性审查工作，是全面推进依法治国的关键环节，是维护宪法权威的"最后一道防线"，是全面贯彻实施宪法最有效的保障手段。党的十九大提出要"加强宪法实施和监督，推进合宪性审查工作，维护宪法权威"。2018年全国人大下设立宪法和法律委员会，承担推动宪法实施、开展宪法解释、推进合宪性审查、加强宪法监督、配合宪法宣传等工作职责。此举对于从宪制体制和机制上加强宪法实施和监督，具有重大意义。

宪法兴则国兴，宪法强则国强。新中国成立70多年来，从共同纲领到五四宪法，再到现行宪法，在不同的历史时期，我国宪法有力坚持了中国共产党领导，有力保障了人民当家作主，有力促进了社会主义革命、建设和改革开放，有力推动了社会主义法治国家建设进程，有力维护了国家统一、民族团结、社会稳定，有力保障和推动了党和国家事业发展，贯彻实施宪法取得显著成就，积累了弥足珍贵的中国经验。

六、良法是善治的前提

推进科学立法、民主立法,是提高立法质量的根本途径。科学立法的核心在于尊重和体现客观规律,民主立法的核心在于为了人民、依靠人民。

——习近平2014年10月20日在中共十八届四中全会上所作的说明

新时代全面推进依法治国，推进国家治理体系和治理能力现代化，更需要实现良法善治。

（一）更加重视构建良法体系

法律是治国重器，良法是善治前提。人民群众对立法的期盼，已经不是有没有，而是好不好、管用不管用、能不能解决实际问题；不是什么法都能治国，不是什么法都能治好国；越是强调法治，越是要提高立法质量。习近平总书记对立法工作提出明确要求："我国形成了以宪法为统帅的中国特色社会主义法律体系，我们国家和社会生活各方面总体上实现了有法可依，这是我们取得的重大成就。实践是法律的基础，法律要随着实践发展而发展。要完善立法规划，突出立法重点，坚持立改

· 良法善治 ·

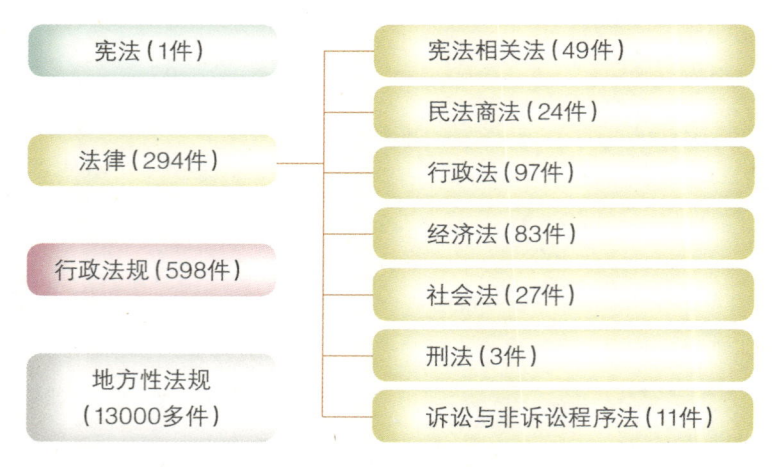

宪法（1件）	宪法相关法（49件）
法律（294件）	民法商法（24件）
	行政法（97件）
行政法规（598件）	经济法（83件）
	社会法（27件）
地方性法规 （13000多件）	刑法（3件）
	诉讼与非诉讼程序法（11件）

中国特色社会主义法律体系（截至2022年12月）

废并举，提高立法科学化、民主化水平，提高法律的针对性、及时性、系统性。要完善立法工作机制和程序，扩大公众有序参与，充分听取各方面意见，使法律准确反映经济社会发展要求，更好协调利益关系，发挥立法的引领和推动作用。"[1]

中共十八届三中全会提出，推进法治中国建设，必须完善中国特色社会主义法律体系，健全立法起草、论证、协调、审议机制，提高立法质量，防止地方保护和部门利益法制化；完善人大工作机制，通过座谈、听证、评估、公布法律草案等扩大公民有序参与立法途径；深入开展立法协商；逐步增加有地方立法权的较大的市数

---

[1] 习近平：《坚持法治国家、法治政府、法治社会一体建设》（2013年2月23日），《习近平谈治国理政》第一卷，外文出版社2018年版，第144页。

量。十八届四中全会提出，要针对"有的法律法规未能全面反映客观规律和人民意愿，针对性、可操作性不强，立法工作中部门化倾向、争权诿责现象较为突出"等问题，要必须坚持立法先行，发挥立法的引领和推动作用，抓住提高立法质量这个关键。要恪守以民为本、立法为民理念，贯彻社会主义核心价值观，使每一项立法都符合宪法精神、反映人民意志、得到人民拥护。要把公正、公平、公开原则贯穿立法全过程，完善立法体制机制，

链接：

彭博新闻社记者：中国正在落实个人信息保护相关法律，请问进展如何？有什么重点？将来中国是否会出台其他保护个人隐私的法律？

许安标（全国人大常委会委员、法制工作委员会副主任）：2021年8月，全国人大常委会审议通过了个人信息保护法，在2021年11月1日开始实施。这部法律坚持立足国情与借鉴国际经验相结合，聚焦个人信息保护领域的突出问题和人民群众的重大关切，在已有立法基础上，进一步细化、完善个人信息保护应遵循的原则和个人信息处理规则，明确个人信息处理活动中的权利义务边界，健全个人信息保护工作机制，对违反个人信息保护的行为设置了严格的法律责任，切实保护公民个人信息。个人信息保护法的实施，有不少条款需要制定配套规定，比如公共场所图像采集管理、个人信息安全管理、个人信息出境安全评估等具体制度，对于这样一些配套制度，有关部门已经出台或者正在抓紧制定。在制定个人信息保护法的同时，全国人大常委会还审议通过了数据安全法。

——"中国这十年"系列主题新闻发布会

坚持立改废释纂并举，增强法律法规的及时性、系统性、针对性、有效性。要健全法律法规规章起草征求人大代表意见制度，增加人大代表列席人大常委会会议人数，更多发挥人大代表参与起草和修改法律作用。中共十九大提出，推进科学立法、民主立法、依法立法，以良法促进发展、保障善治。发挥人大及其常委会在立法工作中的主导作用，健全人大组织制度和工作制度，支持和保证人大依法行使立法权、监督权、决定权、任免权，更好发挥人大代表作用，使各级人大及其常委会成为全面担负起宪法法律赋予的各项职责的工作机关，成为同人民群众保持密切联系的代表机关。中共二十大强调，要不断完善以宪法为核心的中国特色社会主义法律体系，以良法促进发展、保障善治。推进科学立法、民主立法、依法立法，统筹立改废释纂，增强立法系统性、整体性、协同性、时效性。

（二）修改完善立法法

2000年3月，第九届全国人大三次会议高票通过立法法。2015年3月，第十二届全国人大三次会议对立法法作了首次修改。2023年3月13日，第十四届全国人民代表大会第一次会议决定对《中华人民共和国立法法》作出修改。再次修改后的立法法有七大亮点：

1. 对立法的指导思想和原则进行充实完善。贯彻落实宪法规定和党的二十大精神，根据新时代党的重大理论创新成果，对立法的指导思想与时俱进作了完善；完善依宪立法、依法立法的原则；完善民主立法原则，贯彻落实党的二十大精神和全过程人民民主重大理念；贯彻党中央关于社会主义核心价值观融入法治建设的部署要求；明确立法决策与改革决策相衔接相统一的原则要求。

2. 明确合宪性审查相关要求。明确法律案起草和审议过程中的合宪性审查要求；明确备案审查工作中的合宪性审查要求；将"法律委员会"修改为"宪法和法律委员会"。

3. 完善立法决策与改革决策相衔接、相统一的制度机制。完善全国人大及其常委会专属立法权规定，将只能制定法律事项中的"仲裁制度"修改为"仲裁基本制度"；完善全国人大及其常委会关于授权决定的规定；增加国务院决定暂时调整或停止适用行政法规的部分规定。

4. 完善全国人大及其常委会的立法权限、立法程序和工作机制。进一步明确全国人大和常委会"根据宪法规定"行使国家立法权，并增加规定全国人大可以授权全国人大常委会制定法律；与全国人大议事规则相衔接，明确提请审议的法律案，可以适时组织代表研读讨论，并征求意见；适应特殊情况下紧急立法的需要，完善法律案的终止审议程序；明确"提出相关法律案"以及法律解释的主体；贯彻党中央关于推进科学立法、民主立法、依法立法，丰富立法形式，统筹立改废释纂等要求。增加规定"专项立法计划"，全国人大常委会工作机构编制立法技术规范；加强立法宣传工作；明确法律签署公布后，应当及时在报纸上刊载，同时，进一步明确地方性法规公布后，法规、条例文本以及发布的公告，草案的说明、审议结果报告等也要相应公开；明确基层立法联系点的地位和作用。

5. 适应监察体制改革需要补充相关内容。明确监察委员会的产生、组织和职权属于只能制定法律的事项；明确国家监察委员会可以向全国人大及其常委会提出法律案、审查相关法规等方面的要求；增加国家监察委员会制定监察法规，报全国人大常委会备案的规定。

6. 完善地方性法规、规章的权限和程序。修改设区的市可以行使地方立法权的事项；增加省、市两级人大及其常委会协同制定地方性法规，建立区域协同立法工作机制的规定；增加"法律规定的机构"为规章的制定主体。

7. 完善备案审查制度。完善主动审查制度，明确专项审查相关内容；建立健全备案审查衔接联动机制。

（三）坚持人大主导立法

强调人大在立法中的主导作用，主要是为了应对和解决"国家权力的部门化、部门权力的利益化、部门利益的合法化"等立法工作中的"老大难"问题。十八届四中全会提出:"健全有立法权的人大主导立法工作的体制机制,发挥人大及其常委会在立法工作中的主导作用。"

全国人大常委会不断健全人大主导立法工作的体制机制,在立项、起草、审议等几个关键环节下功夫。自2015年起,全国人大及其常委会连续多年提请全国人民代表大会审议重要法律案,即2015年修改立法法,2016年制定慈善法,2017年制定民法总则,2018年修改宪法和制定监察法,2019年制定外商投资法,2020年制定民法典,2023年再次修改立法法等。建立全国人大专门

"开门立法,让地方立法走到百姓身边。"在位于重庆市沙坪坝区石井坡街道的社区基层立法联系点,沙坪坝区人大代表正在收集居民的立法建议和意见。

• 良法善治 •

法治故事

"所提部分意见建议已予采纳……衷心感谢同学们的热情参与和对立法工作的关心支持。"2020年10月底，位于上海市长宁区的华东政法大学附属中学收到一封感谢信，这封从北京寄来的信里，全国人大常委会法工委为同学们的立法建议点赞。之所以有这封感谢信，还要从当年7月说起。

当时，《中华人民共和国未成年人保护法（修订草案）》向社会征求意见，作为全国人大常委会基层立法联系点，虹桥街道希望能给法律修订提供更有参考价值的意见建议。于是，工作人员走进华东政法大学附属中学，向这部法律保护的对象征求意见。

初一（1）班的胡同学参与了那次讨论。当时的修订草案征求意见稿规定，公安机关发现未成年人的监护人对未成年人实施家庭暴力等行为的，应当予以训诫、责令其缴纳保证金并接受家庭教育指导。对于拒不接受家庭教育指导的，可以没收保证金。"有同学提出，每个未成年人家庭经济条件不一样，如果缴纳保证金或没收保证金，经济条件不好的家庭承担不起"，胡同学说，大家觉得，对这种情况应当还是以教育为主。

近3个月后，修订后的《中华人民共和国未成年人保护法》颁布，同学们提出的这条意见被采纳了，法条中删除了缴纳和没收保证金的内容。学生作为未成年人保护法保护的对象，可以参与到保护自己的立法修订中，这一生动的民主法治、公民意识的教育经历一定会给他们带来长久的积极影响。

委员会、常委会工作机构组织起草重要法律草案制度，十二届全国人大5年来组织起草或提请审议法律案70件次。充分发挥立法机关在表达、平衡、调整社会利益方面的作用，最大限度凝聚立法共识。十三届全国人大5

年来，在党中央集中统一领导下，形成了党委领导、人大主导、政府依托、各方参与的立法工作格局，有效发挥人大在立法选题、评估、论证、立项、协调、起草、征求意见、审议等环节的主导作用；丰富立法形式，既注重"大块头"，也注重"小快灵"，广泛采用专项立法修法计划、立法工作专班、"小切口"立法、"一事一法"、推动区域协同立法和共同立法等方式和模式；深入推进科学立法、民主立法、依法立法，开展立法论证、立法协商工作，实施法律案通过前评估和立法后评估，共有 154 件次法律草案向社会公布征求意见，109 万多人次参与，有效促进了立法质量和效率的提升。5 年来推进高质量立法，进一步完善了中国特色社会主义法律体系，为全面建设社会主义现代化国家提供了更为完备的法律保障。

（四）坚持推进科学民主依法立法

坚持科学立法，核心在于立足中国国情和实际，遵循和体现客观规律，增强立法工作的科学性、协调性和系统性，使制定出来的法律经得起实践和历史的检验。认真落实立法规划和计划，修改全国人大组织法、地方组织法、全国人大议事规则、全国人大常委会议事规则等法律，完善论证、评估、评议、听证制度，健全适应新时代要求的人大组织制度、工作机制、议事规则。

2021年开始的新一轮全国县乡两级人大换届选举，研究基层行政区划撤乡并镇改设街道、基层人大代表数量逐届减少的实际情况，加快修改选举法，确保中共十九届四中全会提出的"适当增加基层人大代表数量"的要求落实到位。

坚持民主立法，核心在于立法为了人民、依靠人民，拓宽人大代表和人民群众参与立法的途径，使每一项立法都符合宪法精神、反映人民意志、得到人民拥护。截至2021年，中国共有五级人大代表262万名，包括全国人大代表近3000名，省级人大代表2万名，设区的市级人大代表12万名，县级人大代表近60万名，乡级人大代表188万名。其中，县乡两级人大代表占到代表总数的94%，都是由选民一人一票直接选举产生的。代表们发挥来自人民、植根人民的特点和优势，听取和反映群众的愿望心声，代表人民参加行使国家权力，在人大会议上讨论决定国家和地方的大事。公民有序政治参与不断扩大，人大审议的法律法规草案都公开征求社会公众的意见，各国家机关都建立起联系群众、听取意见、接受监督、回应社会关切的机制。十二届全国人大以来新制定的法律中，有40%是由人大专门委员会、工作委员会起草的。法律草案公开征求意见，是民主立法的重要体现。民法典各分编草案自2018年9月征求意见以来，已有40余万人提出超百万条意见。建立基层立法联系点，是开门立法的创新举措。2015年7月，在上海虹桥、江

六、良法是善治的前提

西景德镇、湖北襄阳、甘肃临洮建立了首批全国人大常委会法工委基层立法联系点共4个，截至2021年7月增加到22个，在逐步扩大基层立法联系点时，充分考虑了中国国土面积大，东中西部发展不平衡的特点，确保各点区位有特色，以兼顾不同方面群众的诉求。2019年11月2日，习近平总书记到上海虹桥的基层立法联系点考察时，对这项工作给予了充分肯定，指出：人民民主是一种全过程的民主，所有的重大立法决策都是依照程序、经过民主酝酿，通过科学决策、民主决策产生的。

> **链接：**
>
> 习近平总书记在深圳经济特区建立40周年庆祝大会上的重要讲话中指出，深圳等经济特区40年改革开放实践，创造了伟大奇迹，积累了宝贵经验，深化了我们对中国特色社会主义经济特区建设规律的认识。其中一条宝贵经验，就是"使法治成为经济特区发展的重要保障"。
>
> 40年来，深圳地区生产总值从1980年的2.7亿元增至2019年的2.7万亿元，年均增长20.7%。辉煌成就，来自经济特区建设者们的披荆斩棘、埋头苦干，也离不开法治护航。从1980年深港合资企业试行劳动合同制，到1987年深圳市政府发布试行办法，打破"统包统配"的"铁饭碗"就业制度；从2001年深圳市颁布关于土地交易的地方性政府规章，到2019年全国首家独立运作的破产法庭在深圳揭牌成立……在先行一步的"试验田"上，深圳高度重视运用法治思维和法治方式，发挥法治的引领和推动作用，加强对相关立法工作的协调，确保在法治轨道上推进改革。2019年，中国社会科学院发布的一份调查报告显示，深圳法治环境指数得分位居全国第一。

坚持依法立法，核心在于严格依照法定权限和程序行使立法权，完善立法体制机制，优化立法职权配置，维护国家法制统一。十二届全国人大常委会出台立法项目征集论证、立法重大利益调整论证咨询、重要立法事项引入第三方评估等工作规范；健全立法专家顾问制度，建立基层立法联系点制度，明确常委会初次审议和继续审议的法律草案都及时向社会公布征求意见；对每一部法律，建立实施法律案通过前评估制度，使立法更加科学缜密，确保法律规定立得住、行得通、真管用。

（五）坚持改革决策与立法决策相衔接

改革和法治如鸟之两翼、车之两轮。要着力处理好改革和法治的关系。中国改革进入了攻坚期和深水区，改革和法治的关系需要破解一些新难题，一些认识上的误区也亟待纠正。一种观点认为，改革就是要冲破法律的禁区，现在法律的条条框框妨碍和迟滞了改革，改革要上路、法律要让路。另一种观点则认为，法律就是要保持稳定性、权威性、适当的滞后性，法律很难引领改革。这两种看法都是不全面的。在法治下推进改革，在改革中完善法治，这就是我们说的改革和法治是两个轮子的含义。要坚持改革决策和立法决策相统一、相衔接，立法主动适应改革需要，积极发挥引导、推动、规范、保障改革的作用，做到重大改革于法有据，改革和法治同步推进，增强改革的穿透力。

　　充分发挥立法对于改革的引导、推动、规范和保障作用。为此，坚持凡属重大改革要于法有据的原则，需要修改法律的应当先修改法律，先立后改；可以通过解释法律来解决问题的应当及时解释法律，先释后改；需要废止法律的要坚决废止法律，先废后改，以保证各项改革依法有序进行。习近平总书记在讲到政府职能转变的行政体制改革与法治建设的关系时明确指出："政府职能转变到哪一步，法治建设就要跟进到哪一步。要发挥法治对转变政府职能的引导和规范作用，既要重视通过制定新的法律法规来固定转变政府职能已经取得的成果，引导和推动转变政府职能的下一步工作，又要重视通过修改或废止不合适的现行法律法规为转变政府职能扫除障碍。"[1] 坚持在现行宪法和法律框架内进行改革，充分利用宪法和法律预留的改革空间和制度条件，大胆探索，勇于创新。对实践证明已经比较成熟的改革经验和行之有效的改革举措，要尽快上升为法律。对部门间争议较大的重要立法事项，要加快推动和协调，不能久拖不决。对实践条件还不成熟、需要先行先试的，要按照法定程序作出授权，既不允许随意突破法律红线，也不允许简单以现行法律没有依据为由迟滞改革。对不适

---

[1] 习近平：《在中共十八届二中全会第二次全体会议上的讲话》（2013年2月28日），中共中央文献研究室编：《习近平关于全面依法治国论述摘编》，中央文献出版社2015年版，第45页。

应改革要求的现行法律法规，要及时修改或废止，不能让一些过时的法律条款成为改革的"绊马索"。

七、法律的生命力在于实施

行政执法工作面广量大，一头连着政府，一头连着群众，直接关系群众对党和政府的信任、对法治的信心。

——习近平2020年11月16日在中央全面依法治国工作会议上的讲话

法律的生命力在于实施，法律的权威也在于实施。针对"有法不依、执法不严、违法不究现象比较严重，执法体制权责脱节、多头执法、选择性执法现象仍然存在，执法不规范、不严格、不透明、不文明现象较为突出"等现象，中共十八届四中全会明确提出，各级政府必须坚持在党的领导下、在法治轨道上开展工作，创新执法体制，完善执法程序，推进综合执法，严格执法责任，建立权责统一、权威高效的依法行政体制，加快建设职能科学、权责法定、执法严明、公开公正、廉洁高效、守法诚信的法治政府。

（一）依法全面履行政府职能

中共十八届四中全会提出，必须完善行政组织和行政程序法律制度，推进机构、职能、权限、程序、责任法定化。行政机关要坚持法定职责必须为、法无授权不可为，勇于负责、敢于担当，坚决纠正不作为、乱作为，坚决克服懒政、怠政，坚决惩处失职、渎职。行政机关不得法外设定权力，没有法律法规依据不得作出减损公民、法人和其他组织合法权益或者增加其义务的决定。推行政府权力清单制度，坚决消除权力设租寻租空间。

中共十八大以来，国务院不断推进简政放权、放管结合、优化服务改革，全面实施"双随机、一公开"[①]市场监管，优化营商环境，激发社会活力。2013年，国务院出台《关于严格控制新设行政许可的通知》，国务院通过取消和下放行政审批事项等活动持续向市场和社会放权，极大激发了市场活力和社会创造力。2017年，国务院继续深化行政管理体制改革，进一步转变政府职能，持续推进简政放权、放管结合、优化服务。除进一步取消、削减行政许可，前置审判事项之外，2017年5月，国务院办公厅印发《关于加快推进"多证合一"改革的指导意见》，在全面实施企业、农民专业合作社工商营业执照、组织机构代码证、税务登记证、社会保险登记证、统计登记证"五证合一、一照一码"登记制度改革和个体工商户工商营业执照、税务登记证"两证整合"的基

[①] "双随机、一公开"，即在监管过程中随机抽取检查对象，随机选派执法检查人员，抽查情况及查处结果及时向社会公开。

七、法律的生命力在于实施

础上，将涉及企业登记、备案等有关事项和各类证照进一步整合到营业执照上，实现"多证合一、一照一码"。2018年7月，国务院发布《关于开展2018年国务院大督查的通知》，将"深化'放管服'改革"作为督查重点之一。目前，国务院已在全国政务服务总门户将国务院各部门行政许可事项、中央指定地方实施行政许可事项清单，以及全国31个省级政府部门与新疆生产建设兵团的权力清单与责任清单全部予以公布。截至2017年，全国共有180多个地级市和区县成立了行政审批局，各试点单位积极探索，勇于实践，在集中审批的范围、程度和实现形式，以及审批与监管的关系等方面，取得了实质性工作成果，大幅削减了许可审批事项的数量，精

法治故事

一支口红在法国巴黎上市，通过海运来到上海，以前要在口岸待上整整5个月才能通过所有审批手续进入商场柜台，而现在只需要5天。

从5个月到5天，归功于上海自贸试验区非特殊用途化妆品进口"审批改备案"改革。进口化妆品准入，只要提交的资料符合要求即完成备案。2018年以来，这项改革已经在全国复制推广。

2018年1月，上海市进一步推进"证照分离"改革试点，在浦东对10个领域、47项审批事项进行试点改革，推进"照后减证"。11月10日起，在全国范围内对第一批106项涉企行政审批事项，分别按照直接取消审批、审批改为备案、实行告知承诺、优化准入服务等四种方式，实施"证照分离"改革。

简了机构、人员，提高了办事效率，极大丰富了"放管服"改革的内容。2018至2019年间，国务院共进行六轮大督查，督查结果表明，各地在简政放权的同时，创新和加强事中事后监管，监管效能不断提升，同时，对于督查中发现的问题，有关地方和单位也积极采取整改措施。2019年国务院制定《优化营商环境条例》，对于创造公平、公正、诚信、守法的法治环境具有重要意义。

（二）健全依法决策机制

2015年《法治政府建设实施纲要（2015—2020年）》提出"行政决策制度科学、程序正当、过程公开、责任明确，决策法定程序严格落实，决策质量显著提高，决策效率切实保证，违法决策、不当决策、拖延决策明显减少并得到及时纠正，行政决策公信力和执行力大幅提升"的目标，并从健全依法决策机制、增强公众参与实效、提高专家论证和风险评估质量、加强合法性审查、坚持集体讨论决定、严格决策责任追究等方面提出了具体要求。截至2017年6月，中国已有至少17个省级政府和23个较大的市政府出台了规范重大行政决策程序的规章。各级行政机关科学民主依法决策机制不断完善，各级领导干部决策能力水平不断提高，但与此同时也存在有的决策尊重客观规律不够，听取群众意见不充分，乱决策、违法决策、专断决策、拍脑袋决策、应决策而久拖不决等问题。2019年4月国务院《重大行政决策程序暂行条例》发布后，甘肃、吉林、河北、广州、青岛等地对本地的重大行政决策程序规定进行了制定或修改。同时，国务院各部委和地方政府也就重大行政决策程序中各项具体要求颁布了相应规定。

（三）深化行政执法体制改革

行政机关实施行政处罚、行政强制、行政征收、行政收费、行政检查、行政许可等执法行为，是履行政府职能的重要方式。中国80%的法律、90%的地方性法规以及几乎所有的行政法规和规章都是由行政机关执行的，行政执法是建设法治政府的中心环节，需要着力加以规范。2018年发布的《深化党和国家机构改革方案》提出，建立市场监管、生态环境保护、文化市场、交通运输、农业5支综合执法队伍，这符合中共十八届四中全会提出的要求，大幅减少市县两级政府执法队伍种类，推行综合执法，支持有条件的领域推行跨部门综合执法。

（四）坚持严格规范公正文明执法

完善行政执法程序。《行政处罚法》《行政许可法》《行政强制法》是规范行政执法行为的通则性法律。中共十八届四中全会提出，要建立执法全过程记录制度、严格执行重大执法决定法制审核制度、推行行政执法公示制度（简称为"三项制度"）。2017年2月，国务院办公厅印发《推行行政执法公示制度执法全过程记录制度重大执法决定法制审核制度试点工作方案》，目标是"三项制度"在各级行政执法机关全面推行，行政处罚、行政强制、行政检查、行政征收征用、行政许可等行为得到有效规范，行政执法公示制度机制不断健全，做到执法行为过程信息全程记载、执法全过程可回溯管理、重大执法决定法制审核全覆盖，全面实现执法信息公开透明、执法全过程留痕、执法决定合法有效，行政执法能力和水平整体大幅提升，行政执法行为被纠错率明显下降，行政执法的社会满意度显著提高。

创新行政执法方式。中共十八大之后，中国行政执法方式取得了较大进展，各级行政执法机关普遍重视执法方式创新的问题，积极推进执法方式、方法的改革及完善。例如，2019年1月广东省统一的行政执法公示平台正式启动，截至2019年11月已有4670家行政执法部门、5366个行政执法主体在公示平台注册上线，公示执法案件结果81.24万宗，广东省也因此成为第一个建成全省统一行政执法信息公示平台，第一个统一全省年度执法数据公开标准，第一个实现省、市、县（区）、镇四级政府年度执法数据在线填报，第一个在全省公开年度执法数据，第一个将行政执法年度数据公开工作纳入法治政府考评体系的省份。同年10月山东省行政处

七、法律的生命力在于实施

罚与行政强制权力网络运行系统正式上线运行，省市县三级行政执法机关的行政处罚、行政强制、行政检查权力事项、法律依据、执法流程、裁量基准和执法人员信息等相关要素全部导入系统，具体行政执法行为一律纳入网上运行。

全面落实行政执法责任制。《党政主要负责人履行推进法治建设第一责任人职责规定》提出，政府主要负责人要"依法全面履行政府职能，推进行政执法责任制落实，推动严格规范公正文明执法"。地方作为执法的主要力量，在落实行政执法责任上作出了有益探索。例如，2018年河南省通过了《河南省行政执法过错责任追究办法》，明确了责任追究范围和方式、责任划分、责任追究程序等问题。

健全行政执法人员管理制度。《国务院关于加强法治政府建设的意见》要求，加强行政执法队伍建设，严格执法人员持证上岗和资格管理制度。《全面推进依法

> **链接：**
>
> 《法治政府建设实施纲要（2021—2025年）》
>
> 法治政府建设总体目标。到2025年，政府行为全面纳入法治轨道，职责明确、依法行政的政府治理体系日益健全，行政执法体制机制基本完善，行政执法质量和效能大幅提升，突发事件应对能力显著增强，各地区各层级法治政府建设协调并进，更多地区实现率先突破，为到2035年基本建成法治国家、法治政府、法治社会奠定坚实基础。

行政实施纲要》提出，实行行政执法人员资格制度，没有取得执法资格的不得从事行政执法工作。根据《纲要》部署，2016年年底前，各地区各部门对行政执法人员进行一次严格清理，未经执法资格考试合格，不得授予执法资格，不得从事执法活动。与此同时，一些国务院部门和地方政府也发布规章或文件，对执法人员管理问题进行专门性规定。

（五）全面推进政务公开

坚持以公开为常态、不公开为例外原则，推进决策公开、执行公开、管理公开、服务公开、结果公开。政务公开制度是确保公众依法获取政府信息权利的重要保障。2016年2月中共中央办公厅、国务院办公厅联合印发《关于全面推进政务公开工作的意见》。2016年11月国务院办公厅制定了《〈关于全面推进政务公开工作的意见〉实施细则》，2017年底发布了《关于推进重大建设项目批准和实施领域政府信息公开的意见》《关于推进公共资源配置领域政府信息公开的意见》，2018年进一步出台《关于推进社会公益事业建设领域政府信息公开的意见》《关于做好政府公报工作的通知》等一系列规定。2019年4月，国务院对《政府信息公开条例》进行了修订，修订后的条例坚持"以公开为常态、不公开为例外"原则，扩大了主动公开的范围，明确了不公开的具体情形，取消了依申请公开的前提条件，建立健全政府信息管理动态调整机制、依申请公开向主动公开的转化机制。

八、公正司法是维护社会公平正义的最后一道防线

公正司法是维护社会公平正义的最后一道防线。所谓公正司法，就是受到侵害的权利一定会得到保护和救济，违法犯罪活动一定要受到制裁和惩罚。

——习近平2013年2月23日在主持中共十八届中央政治局第四次集体学习时的讲话

公正是法治的生命线。司法公正对社会公正具有重要引领作用，司法不公对社会公正具有致命破坏作用。习近平总书记说，我们"要懂得'100-1=0'的道理，一个错案的负面影响足以摧毁九十九个公正裁判积累起来的良好形象。执法司法中万分之一的失误，对当事人就是百分之百的伤害"[1]。为了防止产生"100-1=0"的负面效应，实现公正司法，必须深化司法改革，完善司法管理体制和司法权力运行机制，规范司法行为，加强对司法活动的监督，努力让人民群众在每一个司法案件中感受到公平正义。

---

[1] 习近平：《在中央政法工作会议上的讲话》（2014年1月7日），中共中央文献研究室编：《习近平关于全面依法治国论述摘编》，中央文献出版社2015年版，第96页。

·良法善治·

（一）坚持司法改革的问题导向和目标导向

1978年中国改革开放以来，司法体制改革经历了一个逐步推进、不断深化的过程。20世纪80年代，中国司法改革的主要内容是强化庭审功能、扩大审判公开、加强律师辩护、建设职业化法官和检察官队伍。2004年，中国司法改革的重点是完善司法机关机构设置、职权划分和管理制度。2008年开始，中国司法改革的重点落在优化司法职权配置、落实宽严相济刑事政策、加强司法队伍建设和司法经费保障等方面。

中共十八大以来，中国在全面深化改革、全面依法治国的整体战略布局下，拉开了新一轮深化司法改革的序幕。司法改革坚持以针对问题、解决问题为导向，适应推进国家治理体系和治理能力现代化的要求，直面司法改革和司法领域存在的突出问题。2014年1月习近平总书记在中央政法工作会议上指出："对执法司法状况，人民群众意见还比较多，社会各界反映还比较大，主要是不作为、乱作为特别是执法不严、司法不公、司法腐败问题比较突出。有的政法机关和干警执法随意性大，粗放执法、变通执法、越权执法比较突出，要么有案不立、有罪不究，要么违规立案、越权管辖；有的滥用强制措施，侵犯公民合法权益；有的办关系案、人情案、金钱案，甚至徇私舞弊、贪赃枉法。"

从司法改革的评价标准来看，新一轮司法改革要

八、公正司法是维护社会公平正义的最后一道防线

达到三个方面的主要目标：一是从司法本身来评价，新一轮司法改革要实现党的十八大报告提出的"司法公信力不断提高"的目标，即司法体制改革必须为了人民、依靠人民、造福人民。司法体制改革成效如何，归根到底要看司法公信力是不是提高了。二是从司法体制来评价，新一轮司法改革要达到"坚持和完善中国特色社会主义司法制度，确保人民法院、人民检察院依法独立公正行使审判权、检察权"的目标。三是从社会公众来评价，新一轮司法改革要"让人民群众在每一个司法案件中感受到公平正义"，即深化司法体制改革，要让公平正义的阳光照进人民心田，让老百姓看到实实在在的改革成效，对司法改革有获得感、幸福感和认可度。

（二）司法改革的主要内容

完善确保依法独立公正行使审判权和检察权的制度。公正司法是司法活动严格依法办事综合作用的结果，但是司法机关能否依法独立行使职权不受各种非法干涉，则是保证公正司法的最重要的因素。习近平总书记特别强调："要确保审判机关、检察机关依法独立公正行使审判权、检察权。这是我们党和国家的一贯主张，党的十八大继续强调了这一点。司法不能受权力干扰，不能受金钱、人情、关系干扰，防范这些干扰要有制度

·良法善治·

> **链接：**
>
> 2014年，北京、广州、上海知识产权法院相继挂牌成立，对所在省（直辖市）的相关知识产权案件实行跨区域管辖。这对完善知识产权专业化审判机制，加强知识产权平等保护，促进国家知识产权战略发展和提升司法公信力具有重大作用。2017年8月，中国首家互联网法院——杭州互联网法院挂牌成立。2018年7月，增设北京、广州互联网法院。这是司法主动适应互联网发展大趋势的一项重大制度创新，对维护网络安全、化解涉网纠纷、促进互联网和经济社会深度融合意义重大。2018年8月，上海金融法院正式挂牌成立，这将有利于健全完善金融审判体系，提高金融审判专业化水平，营造良好金融法治环境。

保障。"[1] 为了保证公正司法，中国完善确保依法独立公正行使审判权和检察权的制度，包括：一是建立领导干部干预司法活动、插手具体案件处理的记录、通报和责任追究制度。规定"任何党政机关和领导干部都不得让司法机关做违反法定职责、有碍司法公正的事情，任何司法机关都不得执行党政机关和领导干部违法干预司法活动的要求。对干预司法机关办案的，给予党纪政纪处分；造成冤假错案或者其他严重后果的，依法追究刑事责任"。这些规定，为党政机关和领导干部违法干预司法划出了"红线"，为司法机关依法独立公正行使职

---

[1] 习近平：《在十八届中央政治局第四次集体学习时的讲话》（2013年2月23日），中共中央文献研究室编：《习近平关于全面依法治国论述摘编》，中央文献出版社2015年版，第69页。

权提供了有力的制度保障。二是健全维护司法权威的法律制度。规定"健全行政机关依法出庭应诉、支持法院受理行政案件、尊重并执行法院生效裁判的制度。完善惩戒妨碍司法机关依法行使职权、拒不执行生效裁判和决定、藐视法庭权威等违法犯罪行为的法律规定"。三是建立健全司法人员履行法定职责保护机制。要求"非因法定事由,非经法定程序,不得将法官、检察官调离、辞退或者作出免职、降级等处分"。这有利于防止利用职权干预司法,保障和支持法官、检察官依法履行职责。

优化司法职权配置。一是健全公安机关、检察机关、审判机关、司法行政机关各司其职,侦查权、检察权、审判权、执行权相互配合、相互制约的体制机制。首次明确提出"四机关"各司其职,相互配合、相互制约,是对中国司法管理体制的重大发展和完善。二是推动实行审判权和执行权相分离的体制改革试点。三是完善刑罚执行制度,统一刑罚执行体制。目前,中国刑罚执行权由多个机关分别行使。其中,死刑缓期二年执行、无期徒刑、有期徒刑由司法行政机关管理的监狱执行;被判处管制、宣告缓刑、假释或者被暂予监外执行的,由司法行政机关的社区矫正机构执行;死刑立即执行和罚金、没收财产的判决,由人民法院执行;拘役由公安机关执行。刑罚执行权过于分散,不利于统一刑罚执行标准。因此"统一刑罚执行体制",有利于加强刑罚统一执行的管理和监督,更好地发挥刑罚教育人改造人的功能,

•良法善治•

2020年9月11日，重庆市云阳县人民法院第五人民法庭法官来到双土镇保证村6组，巡回审理一件民事侵权纠纷，把巡回法庭搬到农家院坝化解民生矛盾。

保障罪犯合法权益，实现刑罚预防犯罪的目的。四是改革司法机关人财物管理体制，探索实行法院、检察院司法行政事务管理权和审判权、检察权相分离。

完善司法管辖体制。一是最高人民法院设立巡回法庭。2016年中央全面深化改革领导小组第29次会议审议通过《关于最高人民法院增设巡回法庭的请示》，同意最高人民法院在深圳市、沈阳市设立第一、第二巡回法庭的基础上，在南京市、郑州市、重庆市、西安市增设第三、第四、第五、第六巡回法庭，六个巡回法庭的整体布局顺利完成。二是探索设立跨行政区划的人民法院和人民检察院，办理跨地区案件。这有利于排除地方保护主义对审判工作和检察工作的干扰、保障法院和检察院依法独立公正行使审判权和检察权，有利于构建普通案件在行政区划法院审理、特殊案件在跨行政区划法院审理的诉讼格局，有利于提高司法公信力。三是完善行政诉讼体制机制，合理调整行政诉讼案件管辖制度，切实解决行政诉讼立案难、审理难、执行难等突出问题。

完善司法权力运行机制。一是改革法院案件受理制度，变立案审查制为立案登记制。二是完善刑事诉讼中认罪认罚从宽制度，探索在刑事诉讼中对被告人自愿认罪、自愿接受处罚、积极退赃退赔的，及时简化或终止诉讼的程序制度，落实认罪认罚从宽政策，以节约司法资源，提高司法效率。三是完善审级制度，进一步明晰了各审级功能定位，一审重在解决事实认定和法律适用，二审重在解决事实法律争议、实现二审终审，再审重在解决依法纠错、维护裁判权威。四是推进以审判为中心的诉讼制度改革。五是探索建立检察机关提起公益诉讼制度。

加强对司法活动的监督。一是健全司法机关内部监督制约机制。建立司法机关内部人员过问案件的记录制度和责任追究制度；完善主审法官、合议庭、主任检察官、主办侦查员办案责任制，落实谁办案谁负责；实行办案质量终身负责制和错案责任倒查问责制。二是加强检察机关法律监督。三是加强人民群众监督和社会监督，进一步完善人民陪审员制度，完善人民监督员制度。四

·良法善治·

> **链接：**
>
> 　　中国共产党从成立之日起就以实现人民当家作主为己任。人民陪审员制度是社会与司法之间的桥梁，可以更好地体现人民当家作主。
>
> 　　作为群众中的普通一员，人民陪审员天然带有"人民性"的色彩。中国特色人民陪审员制度为人民群众监督法院审判工作、确保司法公正提供了畅通渠道，是司法民主化的具体体现，也是法治宣传教育的重要形式。人民陪审员法自2018年4月起实施至2022年9月底，全国人民陪审员共参审刑事案件215万余件、民事案件879万余件、行政案件78万余件，其中由人民陪审员参与组成七人合议庭审结涉及群众利益、公共利益等人民群众广泛关注的、社会影响重大的案件2.3万余件。

是依法规范司法人员与当事人、律师、特殊关系人、中介组织的接触、交往行为。对因违法违纪被开除公职的司法人员、吊销执业证书的律师和公证员，终身禁止从事法律职业，构成犯罪的要依法追究刑事责任。这一"终身职业禁止"的严厉措施，体现了对司法腐败的零容忍，有利于促进司法廉洁。

　　司法改革就是要让公平正义的阳光照进人民心田，让老百姓看到实实在在的改革成效。阳光是最好的防腐剂。权力运行不见阳光，或有选择地见阳光，公信力就无法树立。执法司法越公开，就越有权威和公信力。对公众关注的案件，要提高透明度，让暗箱操作没有空间，让司法腐败无法藏身。

八、公正司法是维护社会公平正义的最后一道防线

司法改革40年巨变

全面深入推进司法公开
截至2022年9月底：
- 中国裁判文书网公布文书**1.3亿余份**，总访问量超过**900亿次**
- 全国各级法院在中国庭审公开网开展庭审直播**2000余万场**

发挥审前主导和过滤作用
2013年至2017年，全国检察机关
- 督促侦查机关立案9.8万件，撤案7.7万件
- 追加逮捕12.4万人，追加起诉14.8万人
- 对不构成犯罪或证据不足的不批捕62.5万人、不起诉12.1万人

大力推进解决"执行难"
截至2019年6月底：
- 全国各级法院共公布失信被执行人名单**1443万人次**
- 限制失信被执行人乘坐飞机**2682万人次**，乘坐火车**596万人次**

2013年1月至2022年11月，全国各级法院
- 受理执行案件 6631.7万件
- 执结 6485.9万件
- 执行到位金额 14万亿元

公益诉讼制度改革
全国检察机关办理公益诉讼案件
- 2015年7月至2017年7月：9053件
- 2017年10月至2022年10月：71万余件

坚决防范和纠正冤假错案
2013年至2021年
- 全国各级法院再审改判刑事案件 1.1万件
- 对4957名公诉案件被告人和3534名自诉案件被告人依法宣告无罪

实行员额制和司法责任制
截至2018年3月
- 全国各级法院从21万名法官中遴选产生12万名员额法官
- 全国各级检察机关从原有16万名检察官中遴选产生8.7万名员额检察官

113

九、让法治精神渗透到社会生活的每一个角落

法治建设需要全社会共同参与，只有全体人民信仰法治、厉行法治，国家和社会生活才能真正实现在法治轨道上运行。

——习近平2020年2月5日在中央全面依法治国委员会第三次会议上的讲话

法治精神是法治的灵魂。人们没有法治精神、社会没有法治风尚，法治只能是无本之木、无根之花、无源之水。古人所说"国皆有法，而无使法必行之法"①讲的就是这个道理。其实，使法必行之法就是法治精神。从客观上说，法治社会并不体现在普通民众对法律条文有多么深透的了解，而在于努力把法治精神、法治意识、法治观念熔铸到人们的头脑之中，体现于人们的日常行为之中。这包括培养人们的理性和契约精神、诚信守法的精神、尊重法律权威的精神、权利与义务对称的精神、依法维权和依法解决纠纷的习惯等等。正如卢梭所说："规章只不过是穹隆顶上的拱梁，而唯有慢慢诞生的风尚才最后构成那个穹隆顶上的不可动摇的拱心石。"法

---

① 《商君书·画策》。

•良法善治•

律当中"最重要的一种"就是这种风尚,它既不是铭刻在大理石上,也不是铭刻在铜表上,而是铭刻在公民们的内心里。

(一)全民普法守法是传播法治精神的基础工程

法治精神是民主、法治、公平、正义、秩序、安全、权利、文明等价值理念的综合体现。做到严格执法、公正司法,就要信仰法治、坚守法治。"法不阿贵,绳不挠曲。"[①]这就是法治精神的真谛。如果不信仰法治,

浙江舟山定海区昌国街道合源小区,志愿者针对小区老年群体,现场发放并讲解《老年人权益保障读本》等宣传册。

---

① 《韩非子·有度》。

九、让法治精神渗透到社会生活的每一个角落

没有坚守法治的定力，面对权势、金钱、人情、关系，是抵不住诱惑、抗不住干扰的。习近平总书记指出："要坚持把全民普法和守法作为依法治国的长期基础性工作，采取有力措施加强法制宣传教育。要坚持法治教育从娃娃抓起，把法治教育纳入国民教育体系和精神文明创建内容，由易到难、循序渐进不断增强青少年的规则意识。"[1] 守法的前提是要知法懂法，而知法懂法对于绝大多数老百姓来说必须依赖政府或者法律服务机构提供的法治宣传教育和普法服务，因此，全民普法工作做得是否扎实和具有实效，直接关系到全民守法的实际水准，要提高全民守法意识，必须要抓好法治宣传教育和普法工作这个基础性环节。

全面推进依法治国需要全社会共同参与，需要全社会法治观念增强，必须在全社会弘扬社会主义法治精神，建设社会主义法治文化。坚持全民守法，就是要弘扬"法律面前人人平等"的法治精神，保证领导干部、党员与普通群众守法要求和守法状况的一致性，反对各种破坏法治的特权现象，有效解决有法不依的法治难题，从整体上提升全民守法意识和水准，为建设法治中国和法治社会提供全民守法的有力保障。

---

[1] 习近平：《加快建设社会主义法治国家》（2014年10月23日），《习近平谈治国理政》第二卷，外文出版社2017年版，第122页。

（二）实施五年法治宣传教育规划是传播法治精神的重要抓手

1985年中共中央、国务院批转了《关于向全体公民基本普及法律常识的五年规划》，拉开了具有中国特色的五年普法行动的序幕。中共十八大以来，政府和全社会更加重视全民普法工作，各项法治宣传教育措施不断深入人心，普法实效不断提高。党的十八届三中全会要求"健全社会普法教育机制"；四中全会要求"坚持把全民普法和守法作为依法治国的长期基础性工作，深入开展法治宣传教育"；五中全会要求"弘扬社会主义法治精神，增强全社会特别是公职人员尊法学法守法用法观念，在全社会形成良好法治氛围和法治习惯"。党的十九大要求"加大全民普法力度，建设社会主义法治文化，树立宪法法律至上、法律面前人人平等的法治理念"。

为推进全民法治宣传教育深入开展，2021年6月10日，第十三届全国人民代表大会常务委员会第二十九次会议通过了《关于开展第八个五年法治宣传教育的决议》；6月15日，中共中央、国务院转发了《中央宣传部、司法部关于开展法治宣传教育的第八个五年规划（2021—2025年）》，由此拉开了"八五"普法工作的序幕，开启了全民普法守法基础工程建设的新征程。

"八五"普法决定明确要求：

九、让法治精神渗透到社会生活的每一个角落

一是明确普法重点内容，包括突出学习宣传习近平法治思想，推动习近平法治思想入脑入心、走深走实。突出宣传宪法，在全社会深入持久开展宪法宣传教育活动，阐释好"中国之治"的制度基础，阐释好新时代依宪治国、依宪执政的内涵和意义，阐释好宪法精神。突出宣传民法典，让民法典走到群众身边、走进群众心里。深入宣传与推动高质量发展密切相关的法律法规，与社会治理现代化密切相关的法律法规，深入宣传党内法规。

二是持续提升公民法治素养，实行公民终身法治教育制度，把法治教育纳入干部教育体系、国民教育体系、社会教育体系。把提升公民法治素养与推进依法治理等

成都"反诈咖啡店"，与咖啡店联动联建的是隔壁的成都金牛分局九里堤派出所警务站。警务站有3名常驻民警，可以就近接警、日常巡逻、接待群众、调解各类纠纷。此外，民警还会定期在隔壁的咖啡店开展法治讲堂、反诈沙龙、便民服务等相关活动，在互动体验中向市民宣传反诈常识。

·良法善治·

实践活动有机结合,把公民法治素养基本要求融入市民公约、乡规民约、学生守则、行业规章、团体章程等社会规范,融入文明创建、法治示范创建和平安建设活动。建立健全对守法行为的正向激励和对违法行为的惩戒制度,把公民法治素养与诚信建设相衔接,健全信用奖惩和信用修复机制。

　　三是加强社会主义法治文化建设,包括推进法治文化阵地建设,扩大法治文化阵地覆盖面,提高使用率。繁荣发展社会主义法治文艺,推动社会主义法治精神深入人心。推动中华优秀传统法律文化创造性转化、创新性发展,使中华优秀传统法律文化焕发出新的生命力。加强红色法治文化保护、宣传、传承,注重发掘、总结党在革命时期领导人民进行法治建设的光荣历史和成功实践,大力弘扬红色法治文化。加强法治文化国际传播和国际交流,以讲好中国法治故事为着力点,突出对外宣传中国特色社会主义法治优越性、新时代法治建设实践成果和中华优秀传统法律文化。

　　四是推进普法与依法治理有机融合,加强基层依法治理,深化法治乡村(社区)建设,推动全面依法治国各项措施在城乡基层落地生根。深化依法治校,深化依法治企,深化行业依法治理,深化"法律进网络",加强对网络企业管理和从业人员法治教育,推动网络企业自觉履行责任,做到依法依规经营。开展专项依法治理,大力提高社会治理法治化水平。

九、让法治精神渗透到社会生活的每一个角落

　　五是着力提高普法针对性实效性，在立法、执法、司法过程中开展实时普法，把普法融入立法、执法、司法过程，融入法律服务过程，让人民群众感受到法律的温暖和力量。充分运用社会力量开展公益普法，壮大社会普法力量，健全社会普法教育机制，推动普法志愿服务常态化、制度化。充分运用新技术新媒体开展精准普法，创新普法内容，拓展普法网络平台，创新普法方法手段。

　　六是加强组织实施，加强组织领导，认真履行普法领导责任，建立健全党政机关法律顾问制度。加强制度

浙江省湖州市，南浔区人民法院未成年人道德法治教育实践基地，学生们正在通过VR学习法律安全知识。

123

· 良法善治 ·

建设，健全党委领导、政府主导、人大监督、政协支持、部门各负其责、社会广泛参与、人民群众为主体的法治宣传教育领导体制和工作机制，形成大普法工作格局。全面落实普法责任制，强化"谁执法谁普法"普法责任制。落实媒体公益普法责任，把法治类公益广告纳入媒体公益广告内容，促进媒体公益普法常态化、制度化。强化基层基础工作，加强能力建设和理论研究，落实经费保障，加强评估检查，健全普法工作评估指标体系。

（三）推进全民普法守法制度化建设是传播法治精神的重要保障

2017年5月，中共中央办公厅、国务院办公厅下

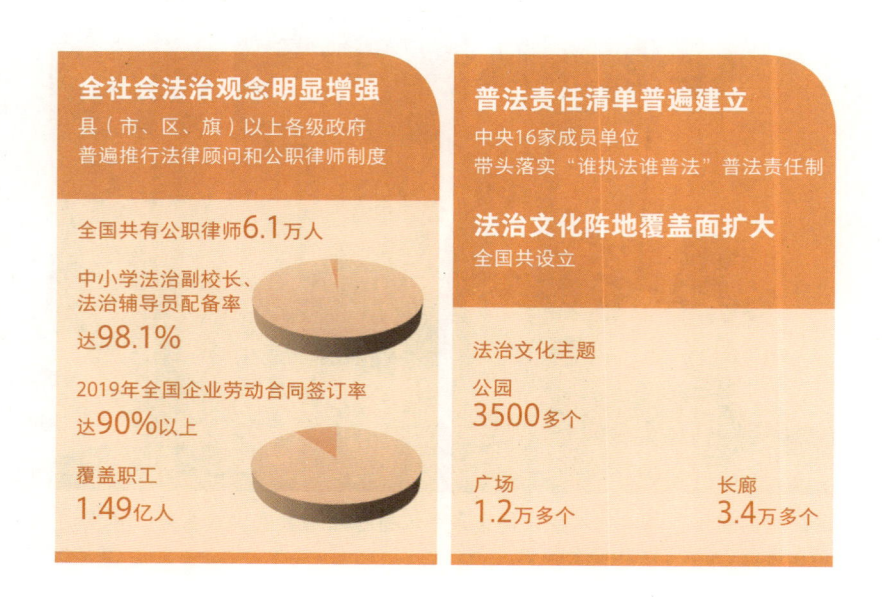

全社会法治观念明显增强	普法责任清单普遍建立
县（市、区、旗）以上各级政府普遍推行法律顾问和公职律师制度	中央16家成员单位带头落实"谁执法谁普法"普法责任制
全国共有公职律师6.1万人	法治文化阵地覆盖面扩大
中小学法治副校长、法治辅导员配备率达98.1%	全国共设立
2019年全国企业劳动合同签订率达90%以上	法治文化主题公园 3500多个
覆盖职工 1.49亿人	广场 1.2万多个 长廊 3.4万多个

九、让法治精神渗透到社会生活的每一个角落

2021年12月,在石家庄市建胜路小学校园模拟法庭,石家庄市桥西区人民检察院检察官为学生们讲解庭审程序。

发《关于实行国家机关"谁执法谁普法"普法责任制的意见》,强调国家机关是国家法律的制定和执行主体,同时肩负着普法的重要职责。这是普法工作的重大理念创新和制度创新。

2017年11月,中宣部、司法部、全国普法办联合发布《关于开展2017年"12·4"国家宪法日集中宣传活动的通知》。作为全国普法工作的首要任务,在"12·4"国家宪法日期间,采取多种形式,运用多种载体,深入浅出地向广大群众宣传解读好党的十九大精神,宣传解读习近平法治思想的基本内涵、主要内容、基本特征和重要意义,通过加大全民普法力度,推动法治宣传教育工作,营造有利于构建法治文化和法治社会的良好的社会学法氛围，提高普法工作的活力和效率。

（四）创新法治教育形式是传播法治精神的有效方法

发挥好道德的教化作用，以道德滋养法治精神、强化道德对法治文化的支撑作用。没有道德滋养，法治精神就缺乏源头活水，法律实施就缺乏坚实社会基础。在推进依法治国过程中，大力弘扬社会主义核心价值观，弘扬中华传统美德，培育社会公德、职业道德、家庭美德、个人品德，提高全民族思想道德水平，为弘扬法治精神创造良好环境。

创新法治宣传教育方式方法，增强全民普法守法实效。在实践中，充分运用各媒体平台，加大新媒体新技术运用，组织宪法学习网上讲座、在线访谈、网络展览等，通过图解、动漫、短视频、H5、公益广告等形式加大网上宣传力度，增强法治宣传的吸引力和感染力。

十、全面推进依法治国的关键问题

领导干部具体行使党的执政权和国家立法权、行政权、监察权、司法权，是全面依法治国的关键。

——习近平2020年11月16日在中央全面依法治国工作会议上的讲话

建设社会主义法治国家，要抓住领导干部这个"关键少数"。这是全面推进依法治国需要着力解决的关键问题。

（一）领导干部是全面依法治国的关键

何谓"关键少数"？在中国，中共中央政治局，是"关键少数"中的"关键少数"，担负着把握中国特色社会主义事业航船方向、统筹协调党和国家重大决策部署、组织应对国内外重大矛盾风险的重要职责；省部级干部是"承上启下"的"关键少数"，相对中央来说，他们是路线方针政策的贯彻执行者；相对市县乡来说，他们又常常是部委和省区市重大事务的决策者；县委书记是"少数的关键"，是"一线总指挥"，是中国共产党在县域治国理政的重要骨干力量。

在中国,领导干部在社会成员的数量上的确是少数,但在作用上则是十分巨大的。这是由领导干部的独特身份和重要作用所决定的。"各级领导干部在推进依法治国方面肩负着重要责任。现在,一些党员、干部仍然存在人治思想和长官意识,认为依法办事条条框框多、束缚手脚,凡事都要自己说了算,根本不知道有法律存在,大搞以言代法、以权压法。这种现象不改变,依法治国就难以真正落实。"① 当前,一些领导干部心中无法、以言代法、以权压法是法治建设的大敌。"必须抓住领导干部这个'关键少数',首先解决好思想观念问题,引导各级干部深刻认识到,维护宪法法律权威就是维护党和人民共同意志的权威,捍卫宪法法律尊严就是捍卫党和人民共同意志的尊严,保证宪法法律实施就是保证党和人民共同意志的实现。"②

(二)全面依法治国要抓住"关键少数"

习近平总书记强调:"各级领导干部都要牢记,任何人都没有法律之外的绝对权力,任何人行使权力都必

---

① 习近平:《加快建设社会主义法治国家》(2014年10月23日),《习近平谈治国理政》第二卷,外文出版社2017年版,第116页。
② 习近平:《加快建设社会主义法治国家》(2014年10月23日),《习近平谈治国理政》第二卷,外文出版社2017年版,第116页。

须为人民服务、对人民负责并自觉接受人民监督。"①中共十九大报告深刻指出：一个政党，一个政权，其前途命运取决于人心向背。人民群众反对什么、痛恨什么，我们就要坚决防范和纠正什么。全党要清醒认识到，我们党面临的执政环境是复杂的，影响党的先进性、弱化党的纯洁性的因素也是复杂的，党内存在的思想不纯、组织不纯、作风不纯等突出问题尚未得到根本解决。要深刻认识党面临的执政考验、改革开放考验、市场经济考验、外部环境考验的长期性和复杂性，深刻认识党面临的精神懈怠危险、能力不足危险、脱离群众危险、消极腐败危险的尖锐性和严峻性，坚持问题导向，保持战略定力，推动全面从严治党向纵深发展。

  运用法治思维和法治方式预防解决权力滥用问题，各级领导干部是重点和关键。习近平总书记要求必须"增强依法执政本领，加快形成覆盖党的领导和党的建设各方面的党内法规制度体系，加强和改善对国家政权机关的领导"。② 必须认认真真讲法治、老老实实抓法治。各级领导干部要对法律怀有敬畏之心，带头依法办事，带头遵守法律，不断提高运用法治思维和法治方式深化

---

① 习近平：《把权力关进制度的笼子里》（2013年1月22日），《习近平谈治国理政》第一卷，外文出版社2018年版，第388页。
② 习近平：《决胜全面建成小康社会，夺取新时代中国特色社会主义伟大胜利》，《习近平谈治国理政》第三卷，外文出版社2020年版，第53页。

·良法善治·

改革、推动发展、化解矛盾、维护稳定能力。"如果在抓法治建设上喊口号、练虚功、摆花架,只是叶公好龙,并不真抓实干,短时间内可能看不出什么大的危害,一旦问题到了积重难返的地步,后果就是灾难性的。对各级领导干部,不管什么人,不管涉及谁,只要违反法律就要依法追究责任,绝不允许出现执法和司法的'空挡'。"[1]要力戒形式主义、官僚主义,确保全面依法治国各项任务真正落到实处。

(三)"关键少数"要做尊法学法守法用法的模范

领导干部要做尊法的模范,带头尊崇法治、敬畏法律。这是领导干部必须具备的基本素质。每个领导干部都要深刻认识到,维护宪法法律权威,就是维护党和人民共同意志的权威,捍卫宪法法律尊严,就是捍卫党和人民共同意志的尊严,保证宪法法律实施,就是保证人民根本利益的实现。每个领导干部都要牢固树立宪法法律至上、法律面前人人平等、权由法定、权依法使等基本法治观念,彻底摒弃人治思想和长官意志,决不搞以言代法、以权压法。

领导干部要做学法的模范,带头了解法律、掌握法

---

[1] 习近平:《加快建设社会主义法治国家》(2014年10月23日),《习近平谈治国理政》第二卷,外文出版社2017年版,第116页。

律。这是守法用法的前提。在那些违法乱纪、胡作非为的领导干部中，相当多的人是长期不学法、不懂法。许多腐败分子在其忏悔录中都谈到，不知法是自己走向腐败深渊的一个重要原因。领导干部要系统学习中国特色社会主义法治理论，首先的是学习宪法，还要学习同自己所担负的领导工作密切相关的法律法规，了解法律、掌握法律。领导干部尤其要弄明白怎么用权，什么事能干、什么事不能干，而不能当"法盲"。

领导干部要做守法的模范，带头遵纪守法、捍卫法治。对各种危害法治、破坏法治、践踏法治的行为要挺身而出、坚决斗争。领导干部要带头营造办事依法、遇事找法、解决问题用法、化解矛盾靠法的法治环境，处理问题要运用法治方式。党纪国法不能成为"橡皮泥""稻草人"，违纪违法都要受到追究，否则就会形成"破窗效应"。

领导干部要做用法的模范，带头厉行法治、依法办事。不断提高运用法治思维和法治方式深化改革、推动发展、化解矛盾、维护稳定、应对风险的能力。领导干部提高法治思维和依法办事能力，关键要做到：一是要守法律、重程序，这是法治的第一位要求；二是要牢记职权法定，明白权力来自哪里、界限划在哪里，做到法定职权必须为、法无授权不可为；三是要保护人民权益，这是法治的根本目的；四是要受监督，这既是对领导干部行使权力的监督，也是对领导干部正确行使权力的制度保护。

十一、以习近平法治思想引领法治中国建设新征程

我国社会主义法治凝聚着我们党治国理政的理论成果和实践经验,是制度之治最基本最稳定最可靠的保障。

——习近平2020年2月5日在中央全面依法治国委员会第三次会议上的讲话

2020年，中国成为全球唯一实现经济正增长的主要经济体，全面建成小康社会取得伟大历史性成就，中华民族在社会主义现代化强国征程上迈出新的一大步！

2021年，是实施国家"十四五"规划、开启全面建设社会主义现代化国家新征程的第一年，是中国共产党成立100周年。站在新的历史起点上，中国向第二个百年奋斗目标进军，将在习近平法治思想引领下开启法治中国建设新征程。

2022年10月，中国共产党第二十次全国代表大会召开。二十大报告中首次单独把法治建设作为专章论述、专门部署。对法治建设地位作用、总体要求和重点工作，作了全面阐述。一是强调遵循法治之"纲"，这个"纲"就是新时代法治建设总体要求；二是强调立好法治之"规"，这个"规"就是完善以宪法为核心的中国特色社会主义法律体系；三是强调紧扣法治之"重"，这个"重"就是扎实推进依法行政；四是强调凸显法治之"要"，这个"要"就是严格公正司法；五是强调夯实法治之"基"，这个"基"就是加快建设法治社会。

（一）法治中国建设的总体目标

2021年1月，中共中央印发《法治中国建设规划（2020—2025年）》，对未来五年法治中国建设作出战略部署和总体安排。《规划》明确提出，建设法治中国，应当实现法律规范科学完备统一，执法司法公正高效权威，权力运行受到有效制约监督，人民合法权益得到充分尊重保障，法治信仰普遍确立，法治国家、法治政府、法治社会全面建成。

到2025年，党领导全面依法治国体制机制更加健全，以宪法为核心的中国特色社会主义法律体系更加完备，职责明确、依法行政的政府治理体系日益健全，相互配合、相互制约的司法权运行机制更加科学有效，法治社会建设取得重大进展，党内法规体系更加完善，中国特色社会主义法治体系初步形成。

到2035年，法治国家、法治政府、法治社会基本建成，中国特色社会主义法治体系基本形成，人民平等参与、平等发展权利得到充分保障，国家治理体系和治理能力现代化基本实现。

（二）全面贯彻实施宪法，坚定维护宪法尊严和权威

全国人大及其常委会要切实担负起宪法监督职责，加强宪法实施和监督，并将其作为全国人大常委会年度工作报告的重要事项。全国人大及其常委会通过的法律和作出的决定决议，应当确保符合宪法规定、宪法精神。推进合宪性审查工作，健全合宪性审查制度，明确合宪性审查的原则、内容、程序。

建立健全涉及宪法问题的事先审查和咨询制度，有关方面拟出台的行政法规、军事法规、监察法规、地方性法规、经济特区法规、自治条例和单行条例、部门规章、地方政府规章、司法解释以及其他规范性文件和重要政策、重大举措，凡涉及宪法有关规定如何理解、实施、适用问题的，都应当依照有关规定向全国人大常委会书面提出合宪性审查请求。加强宪法解释工作，落实宪法解释程序机制，回应涉及宪法有关问题的关切。

（三）建设完备的法律规范体系，以良法促进发展、保障善治

完善立法工作格局。完善人大主导立法工作的体制机制。加强人大对立法工作的组织协调，发挥人大及其常委会的审议把关作用。健全全国人大相关专门委员会、全国人大常委会工作机构牵头起草重要法律草案机制。

更好发挥人大代表在起草和修改法律法规中的作用，人民代表大会会议一般都应当安排审议法律法规案。加强立法协商，充分发挥政协委员、民主党派、工商联、无党派人士、人民团体、社会组织在立法协商中的作用。

坚持立改废释纂并举。加强重点领域、新兴领域、涉外领域立法。推动贯彻新发展理念、构建新发展格局，加快完善深化供给侧结构性改革、促进创新驱动发展、防范化解金融风险等急需的法律法规。加强对权力运行的制约和监督，健全规范共同行政行为的法律法规，研究制定行政程序法。加强国家安全领域立法。健全军民融合发展法律制度。加强信息技术领域立法，及时跟进研究数字经济、互联网金融、人工智能、大数据、云计算等相关法律制度，抓紧补齐短板。制定和修改法律法规要着力解决违法成本过低、处罚力度不足问题。

健全立法工作机制。健全立法立项、起草、论证、协调、审议机制，提高立法的针对性、及时性、系统性、可操作性。健全立法规划计划编制制度，充分发挥立法规划计划的统筹引领作用。健全立法征求意见机制，扩大公众参与的覆盖面和代表性，增强立法透明度。充分利用大数据分析，为立法中的重大事项提供统计分析和决策依据。完善立法技术规范，加强立法指引。

加强地方立法工作。健全地方立法工作机制，提高立法质量，确保不与上位法相抵触，切实避免越权立法、重复立法、盲目立法。建立健全区域协同立法工作机制，加强全国人大常委会对跨区域地方立法的统一指导。2025年底前，完成对全国地方立法工作人员的轮训。

（四）建设高效的法治实施体系，深入推进严格执法、公正司法、全民守法

构建职责明确、依法行政的政府治理体系。大力推行清单制度并实行动态管理，编制完成并公布中央层面设定的行政许可事项清单、备案管理事项清单，国务院部门权责清单于2022年上半年前编制完成并公布。

严格落实重大行政决策程序制度，充分发挥法律顾问、公职律师在重大行政决策中的作用。建立健全重大行政决策跟踪反馈和评估制度。全面推行行政规范性文件合法性审核机制，凡涉及公民、法人或其他组织权利和义务的行政规范性文件均应经过合法性审核。

深化行政执法体制改革，统筹配置行政执法职能和执法资源，最大限度减少不必要的行政执法事项。进一步整合行政执法队伍，继续探索实行跨领域跨部门综合执法。坚持严格规范公正文明执法，全面推行行政执法公示制度、执法全过程记录制度、重大执法决定法制审核制度。全面推行行政裁量权基准制度，规范执法自由裁量权。严格执行突发事件应对有关法律法规，依法实施应急处置措施，全面提高依法应对突发事件能力和水平。

・良法善治・

持续营造法治化营商环境，实施统一的市场准入负面清单制度，清理破除隐性准入壁垒，普遍落实"非禁即入"。加强政务诚信建设，重点治理政府失信行为，加大惩处和曝光力度。实行知识产权侵权惩罚性赔偿制度，激励和保护科技创新。

建设公正高效权威的中国特色社会主义司法制度。健全公安机关、检察机关、审判机关、司法行政机关各司其职，侦查权、检察权、审判权、执行权相互配合、

合肥市包河区司法局在凌大塘临工集散中心举办"法援惠民生　助力农民工"活动，针对工资拖欠、工伤赔偿等问题，为外来务工人员提供法律咨询、法律援助等服务。

相互制约的体制机制。深化司法体制综合配套改革，全面落实司法责任制。完善知识产权、金融、海事等专门法院建设，加强互联网法院建设。深化与行政区划适当分离的司法管辖制度改革。健全未成年人司法保护体系。

深化以审判为中心的刑事诉讼制度改革。完善民事诉讼制度体系。深化执行体制改革，加强执行难综合治理、源头治理。深入推进审执分离，优化执行权配置。完善刑罚执行制度，统一刑罚执行体制。深化监狱体制机制改革，实行罪犯分类、监狱分级制度。完善社区矫正制度。完善监狱、看守所与社区矫正和安置帮教机构之间的工作对接机制。

深入推进全民守法。改进创新普法工作，加大全民普法力度，增强全民法治观念。建立健全立法工作宣传报道常态化机制，对立法热点问题主动发声、解疑释惑。全面落实"谁执法谁普法"普法责任制。广泛推动人民群众参与社会治理，打造共建共治共享的社会治理格局。加快推进社会信用立法，完善失信惩戒机制。加强对产权的执法司法保护，健全涉产权错案甄别纠正机制。紧紧围绕人民日益增长的美好生活需要加强公共法律服务，加快整合律师、公证、调解、仲裁、法律援助、司法鉴定等公共法律服务资源，到2022年基本形成覆盖城乡、便捷高效、均等普惠的现代公共法律服务体系。推动建设一支高素质涉外法律服务队伍、建设一批高水平涉外法律服务机构。

（五）建设严密的法治监督体系，切实加强对立法、执法、司法工作的监督

加强立法监督工作。建立健全立法监督工作机制，完善监督程序。推进法律法规规章起草征求人大代表、政协委员意见工作。依法处理国家机关和社会团体、企业事业组织、公民对法规规章等书面提出的审查要求或者审查建议。加强备案审查制度和能力建设，实现有件必备、有备必审、有错必纠。完善备案审查程序，明确审查范围、标准和纠正措施。强化对地方各级政府和县级以上政府部门行政规范性文件、地方各级监察委员会监察规范性文件的备案审查。加强对司法解释的备案监督。将地方法院、检察院制定的规范性文件纳入本级人大常委会备案审查范围。

加强对执法工作监督。加大对执法不作为、乱作为、选择性执法、逐利执法等有关责任人的追责力度，落实行政执法责任制和责任追究制度。完善行政执法投诉举报和处理机制。加强和改进行政复议工作，强化行政复议监督功能，加大对违法和不当行政行为的纠错力度。推进行政复议体制改革，整合行政复议职责，畅通行政复议渠道，2022年前基本形成公正权威、统一高效的行政复议工作体制。健全行政复议案件审理机制，加强行政复议规范化、专业化、信息化建设。规范和加强行政应诉工作。

加强对司法活动监督。健全对法官、检察官办案的制约和监督制度，促进司法公正。全面推行法官、检察官办案责任制，统一规范法官、检察官办案权限。加强审判权、检察权运行监督管理，明确法院院长、庭长和检察院检察长、业务部门负责人监督管理权力和责任，健全审判人员、检察人员权责清单。完善对担任领导职务的法官、检察官办案情况的考核监督机制，配套建立内部公示、定期通报机制。健全落实司法机关内部人员过问案件记录追责、规范司法人员与律师和当事人等接触交往行为的制度。构建科学合理的司法责任认定和追究制度。完善司法人员惩戒制度，明确惩戒情形和程序。

完善民事、行政检察监督和检察公益诉讼案件办理机制。完善刑事立案监督和侦查监督工作机制。加强人权司法保障。建立重大案件侦查终结前对讯问合法性进行核查制度。健全讯问犯罪嫌疑人、听取辩护人意见工作机制。建立对监狱、看守所的巡回检察制度。完善看守所管理制度。完善有效防范和及时发现、纠正冤假错案工作机制。健全辩护人、诉讼代理人行使诉讼权利保障机制。

（六）建设有力的法治保障体系，筑牢法治中国建设的坚实后盾

加强队伍和人才保障，努力建设一支德才兼备的高

•良法善治•

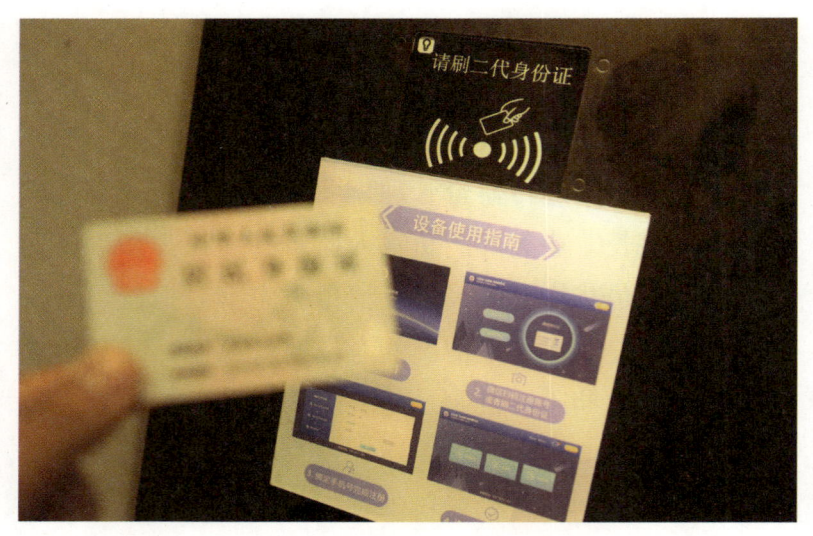

2019年3月28日,上海市闵行区公共法律服务中心内,上海第一家"无人律所"正式向广大市民开放,市民可亲身感受"互联网+律师服务"带来的便捷,只需一张身份证就可以享受所需法律服务。

素质法治工作队伍。完善法律职业准入、资格管理制度,建立法律职业人员统一职前培训制度和在职法官、检察官、警官、律师同堂培训制度。加强立法工作队伍建设。建立健全立法、执法、司法部门干部和人才常态化交流机制,加大法治专门队伍与其他部门具备条件的干部和人才交流力度。加强边疆地区、民族地区和基层法治专门队伍建设。健全法官、检察官员额管理制度,规范遴选标准、程序。加强执法司法辅助人员队伍建设。建立健全符合职业特点的法治工作人员管理制度,完善职业保障体系。加快发展律师、公证、司法鉴定、仲裁、调解等法律服务队伍。健全法官、检察官、律师等法律职业人员惩戒机制，建立律师不良执业信息记录披露和查询制度。发展公职律师、公司律师和党政机关、企事业单位、村（居）法律顾问队伍。

加强科技和信息化保障。充分运用大数据、云计算、人工智能等现代科技手段，全面建设"智慧法治"，推进法治中国建设的数据化、网络化、智能化。优化整合法治领域各类信息、数据、网络平台，推进全国法治信息化工程建设。加快公共法律服务实体平台、热线平台、网络平台有机融合，建设覆盖全业务、全时空的公共法律服务网络。

（七）建设完善的党内法规体系，坚定不移推进依规治党

健全党内法规体系。坚持以党章为根本，以民主集中制为核心，不断完善党的组织法规、党的领导法规、党的自身建设法规、党的监督保障法规，构建内容科学、程序严密、配套完备、运行有效的党内法规体系。坚持立改废释纂并举，提高党内法规质量。健全党内法规备案审查制度，维护党内法规体系统一性和权威性。注重党内法规同国家法律的衔接和协调，努力形成国家法律和党内法规相辅相成、相互促进、相互保障的格局。

抓好党内法规实施。把提高党内法规执行力摆在更加突出位置，把抓"关键少数"和管"绝大多数"统一

起来，以各级领导机关和党员领导干部带头尊规学规守规用规，带动全党遵规守纪。加大党内法规公开力度，提高党内法规的普及度和知晓率。落实党内法规执行责任制，做到有规必依、执规必严。强化监督检查和追责问责，将党内法规执行情况作为各级党委督促检查、巡视巡察重要内容，严肃查处违反党内法规的各种行为。

十二、运用法治思想为全球治理体系改革和建设贡献中国智慧和中国方案

我们要坚定维护以联合国为核心的国际体系，坚定维护以国际法为基础的国际秩序，坚定维护以联合国宪章宗旨和原则为基础的国际法基本原则和国际关系基本准则。对不公正不合理、不符合国际格局演变大势的国际规则、国际机制，要提出改革方案，推动全球治理变革，推动构建人类命运共同体。

——习近平2020年11月16日在中央全面依法治国工作会议上的讲话

中共十九大指出，中国秉持共商共建共享的全球治理观，积极参与全球治理体系改革和建设，不断贡献中国智慧和力量。"全球治理体系正处于调整变革的关键时期，我们要积极参与国际规则制定，做全球治理变革进程的参与者、推动者、引领者。"[①] 在全球治理体系变革和建设等重大课题上，中国应当做世界和平的建设者、全球发展的贡献者、国际秩序的维护者。

一是增强国际法治话语权。当前，随着全球治理体系结构发生深刻变革，国际法治领导权竞争更为激烈，各国纷纷争夺国际规则制定权、国际组织主导权、国际法律服务市场占有权。与西方主要国家相比，我国在这方面还存在明显的短板和弱项。这要求我国加强专

---

① 习近平：《加强党对全面依法治国的领导》，《求是》2019年第4期。

门法院、仲裁机构建设，提高涉外案件裁判水平，打造一批有国际美誉度的司法、仲裁机构。做好国际法治人才培养推荐工作，推举更多优秀人才到国际组织特别是国际仲裁机构、国际司法机构任职，让国际组织有更多中国面孔、中国声音、中国元素。围绕促进共建"一带一路"国际合作，推进国际商事法庭建设与完善；推动我国仲裁机构与共建"一带一路"国家仲裁机构合作建立联合仲裁机制；强化涉外法律服务，维护我国公民、法人在海外及外国公民、法人在我国的正当权益；引导对外经贸合作企业加强合规管理，提高法律风险防范意识；建立涉外工作法务制度；建立健全域外法律查明机制。

二是推动国际关系法治化。习近平总书记指出，"要提高国际法在全球治理中的地位和作用，确保国际规则有效遵守和实施，坚持民主、平等、正义，建设国际法治。"[①] 为此，应推动各方在国际关系中遵守国际法和公认的国际关系基本原则，用统一适用的规则来明是非、促和平、谋发展。应共同维护国际法和国际秩序的权威性和严肃性，各国都应该依法行使权利，反对歪曲国际法，反对以"法治"之名行侵害他国正当权益、破坏和平稳定之实。

[①] 习近平：《携手构建合作共赢、公平合理的气候变化治理机制》（2015年11月30日），《习近平谈治国理政》第二卷，外文出版社2017年版，第529页。

十二、运用法治思想为全球治理体系改革和建设贡献中国智慧和中国方案

三是积极参与国际规则制定，推动形成公正合理的国际规则体系。习近平总书记多次强调，我国要积极参与国际规则制定，推动全球治理规则变革。"推动建设国际经济金融领域、新兴领域、周边区域合作等方面的新机制新规则，推动建设和完善区域合作机制，加强周边区域合作，加强国际社会应对资源能源安全、粮食安全、网络信息安全、应对气候变化、打击恐怖主义、防范重大传染性疾病等全球性挑战的能力。"[1] 中国积极参与国际反恐合作，派军舰在亚丁湾、索马里海域执行护航任务；坚持绿色低碳，宣布2020年后应对气候变化行动目标，推动各方达成并落实气候变化《巴黎协定》，引领国际社会采取积极行动应对气候变化；推动制定联合国2030年可持续发展议程并率先发布落实该议程的国别方案，积极促进全球范围内平衡发展；积极参与网络、极地、深海、外空等新兴领域规则制定，发起并主办世界互联网大会，推动建立多边、民主、透明的全球互联网治理体系。当前，中国还聚焦各国共同关心的全球环境污染、气候变化、资源能源安全、网络信息安全、知识产权保护、打击恐怖主义、扶贫减灾、太空开发利用、防范重大传染性疾病等全球公共问题，组织开展集群性研究，提出更多凝聚中国智慧和中国价值的解决方案。

---

[1] 习近平：《推动全球治理体制更加公正更加合理　为我国发展和世界和平创造有利条件》，《人民日报》2015年10月14日。

· 良法善治 ·

> **链接：**
>
> 国际规则是实现国际社会稳定发展的前提和基础。现行国际规则体系和以此为基础的全球治理体系，源自经历了两次世界大战的各国人民痛定思痛后的选择。第二次世界大战后，建立了以联合国为主体，包括国际货币基金组织、世界银行、世界贸易组织等机制的全球治理框架。虽然这个框架并不完美，但它对世界和平与发展起到了重要作用。过去几十年，尽管世界总有不太平的地方，冷战、热战、贸易战都曾发生过，但以规则为基础的全球治理体系在解决全人类共同面临的问题中无疑发挥了重要作用。
>
> 国际规则不是一成不变的，而是不断丰富、发展、完善的。长期以来，西方一些国家在国际规则制定中占据主导地位，广大发展中国家则处于边缘地带，缺少发言权。如今，世界格局深刻调整，广大发展中国家在世界经济中的地位和作用日益突出，这必然要在国际规则发展完善中体现出来。一系列新的全球治理规则的出现也反映了这一点，如G20机制、金砖国家机制的建立，为发展中国家与发达国家对话、共同促进人类面临的重大问题的解决提供了重要沟通平台和全新治理模式。

四是加强国际法治对话，推进对外法治交流，深化国际司法交流合作。中国对国际司法采取积极合作的态度，尊重和支持说公道话、作公正裁决的国际司法。深化司法领域国际合作，完善我国司法协助体制机制，扩大国际司法协助覆盖面，推进引渡、遣返犯罪嫌疑人和被判刑人移管等司法协助领域国际合作。积极参与执法安全国际合作，共同打击暴力恐怖势力、民族分裂势力、宗教极端势力和贩毒走私、跨国有组织犯罪。加强反腐败国际合作，加大海外追逃追赃、遣返引渡力度。

十二、运用法治思想为全球治理体系改革和建设贡献中国智慧和中国方案

五是构建人类命运共同体。习近平总书记指出,"我们要继承和弘扬联合国宪章的宗旨和原则,构建以合作共赢为核心的新型国际关系,打造人类命运共同体。"[1]国际法治在推动构建人类命运共同体中至关重要,全球治理规则民主化、法治化、公正化,是构建人类命运共同体的前提条件和规则基础。应当推动变革全球治理体制中不公正不合理的安排,推动国际货币基金组织、世界银行等国际经济金融组织切实反映国际格局的变化,增加新兴市场国家和发展中国家的代表性和发言权。应当推动各国在国际经济合作中权利平等、机会平等、规则平等,推进全球治理规则民主化、法治化,努力使全球治理体制更加平衡地反映大多数国家意愿和利益。

中共二十大提出,中国式现代化为人类实现现代化提供了新的选择,中国共产党和中国人民为解决人类面临的共同问题提供更多更好的中国智慧、中国方案、中国力量,为人类和平与发展崇高事业作出新的更大的贡献!

---

[1] 习近平:《携手构建合作共赢新伙伴,同心打造人类命运共同体》(2015年9月28日),《习近平谈治国理政》第二卷,外文出版社2017年版,第522页。

图书在版编目（CIP）数据

良法善治：中国之治背后的法治思想 / 李林著. ——北京：外文出版社，2024.1
ISBN 978-7-119-13782-7

Ⅰ.①良… Ⅱ.①李… Ⅲ.①社会主义法制－建设－研究－中国 Ⅳ.①D920.0

中国国家版本馆CIP数据核字(2023)第204544号

责任编辑：杨　璐　刘钰莹
排版设计：北京维诺传媒文化有限公司
封面设计：婉　婉
图片作者：视觉中国　中新图片　李志华　安　源　韩苏原　李　忠
印刷监制：秦　蒙

良法善治

中国之治背后的法治思想

李　林 / 著

出 版 人：胡开敏
出版发行：外文出版社有限责任公司
地　　址：北京市西城区百万庄大街24号　　邮政编码：100037
网　　址：http://www.flp.com.cn　　电子邮箱：flp@cipg.org.cn
电　　话：008610-68320579（总编室）　008610-68996094（编辑部）
　　　　　008610-68995852（发行部）　008610-68996183（投稿电话）
印　　刷：北京中科印刷有限公司
经　　销：新华书店／外文书店
开　　本：787mm×1092mm　1/16
印　　张：10.25
字　　数：60千字
版　　次：2024年1月第1版第1次印刷
书　　号：978-7-119-13782-7
定　　价：48.00元

版权所有　侵权必究